保育ナビ
ブック

子どもの可能性を伸ばす
スポーツ共育

杉山芙沙子（一般社団法人次世代SMILE協会）

は　じ　め　に

　2017年3月に『幼稚園教育要領』『保育所保育指針』『幼保連携型認定こども園教育・保育要領』が同時改訂（定）されました。今回のように同時改訂（定）されたことは、次世代を担う子どもたちの育ちに何が求められているかを問うとともに、教育・保育を多様な分野から見直す必要性が示唆されているのだと思います。既存の教育学、保育学ばかりでなく、多岐にわたる分野から科学的・学際的にアプローチし、そのエビデンスを共有していくことが大事であると、私自身も考えています。

　上記の3法令では「幼児期の終わりまでに育ってほしい姿（10の姿）」が明示され、幼児期に身につけてほしいことが、より具体的にイメージできるようになりました。そのため、より具体的なイメージを現場で使えるプログラムに落とし込むことが求められると同時に、子どもたちへの保育・教育・指導を通して指導者自身も成長していく「共育」（子どもも指導者も共に育つ）が求められていると感じます。

　そこでご紹介したいのが『スマイルシッププログラム』です。これは、スポーツを通して子どもの可能性を見出し伸ばすために、指導者はあり方や考え方を学び、子どもと子どもを取り巻くすべての人々の「生きる力＝人間力」を高めるプログラムです。これは、私のこれまでの子育て・選手育ての経験と研究から得られたエビデンスを元に、「スポーツ」というツールを使って開発しました。資質・能力の3つの柱（①知識及び技能の基礎、②思考力、判断力、表現力等の基礎、③学びに向かう力、人間性等）でいうところの特に②と③を養い、また、「10の姿」に向かうための学びを得られる構成となっています。さらには、この「プログラム」自体もツールとして、日常生活で実践することで学びにつながっていきます。

　ではなぜ、スポーツなのでしょうか。トップアスリートのパフォーマンスに鳥肌し、感涙する時、私たちは競技成績や技術レベルだけに魅了されるわけではありません。彼らの豊かな「人間力」が、パフォーマンスや言葉に表れることで私たちは感動するのです。私は、このスポーツのすばらしさに着目し、子どもにかかわるすべての方々に向けて「スポーツ共育」を伝えたいと思っています。そのため、本書では「保育者」ではなく「指導者」という言葉を用いています。

　幼児期に楽しくスポーツをすることでトップアスリートのように「人間力」を高め、同時に指導者の成長にもつながるよう、本書が皆様の一助となれば幸いです。

一般社団法人次世代 SMILE 協会
代表理事　杉山芙沙子

もくじ

子どもの可能性を伸ばす
スポーツ共育

はじめに … 3

第1章 スポーツで人間力を高める

コーチになって気づいた子どもとのかかわり方 … 8
トップアスリートの幼児期に見られる共通点 … 10
子どもの「いちばん」を見つけるために … 12
スポーツは人間力を高める最適なツール … 14
スポーツで幼児期の脳を鍛える … 16

第2章 子どもの可能性を伸ばす10の黄金法則

子どもの可能性を伸ばす10の黄金法則とは … 18
1 互いを「尊重し合う」ことの大切さ … 20
2 子どもに「求められている」ことの大切さ … 22
3 「気づく」ことの大切さ … 24
　スポーツ共育Q&A 指導者を独り占めしたい子への対応 … 27
4 目標を持って「続ける」ことの大切さ … 28
　スポーツ共育Q&A 約束を守ってほしい時の対応 … 31
5 「正しい答え」は1つではないことの大切さ … 32
　スポーツ共育Q&A 順番を待てるようになってほしい時の対応 … 35
6 「絶対評価」であることの大切さ … 36
7 何でも「楽しく」してしまうことの大切さ … 38
　スポーツ共育Q&A 活動に参加したがらない子への対応 … 41

8 「励ます」ことの大切さ … 42
9 「ほめる」ことの大切さ … 44
　スポーツ共育Q&A 泣いてしまう子への対応 … 47
10 「待つ」こと、そして「学び続ける」ことの大切さ … 48
　スポーツ共育Q&A 友だちとけんかをする子への対応 … 51
第2章まとめ … 52

第3章 子どもと指導者の人間力を高めるスポーツプログラム

スポーツで養われる「3つの体力」… 54
　① 身体体力 … 54
　② 精神体力 … 58
　③ 知的体力 … 59

スポーツプログラムの立案と指導のポイント … 60
2歳児のスポーツプログラム … 62
3歳児のスポーツプログラム … 66
4歳児のスポーツプログラム … 70
5歳児のスポーツプログラム … 74
第3章まとめ … 78

おわりに … 79

第 **1** 章

スポーツで 人間力を高める

トップアスリートの母として、コーチとして
様々な葛藤を経て生み出された
『スマイルシッププログラム』。
子どもの「いちばん」を見つけて
人間力を高めるプロセスをご紹介します。

第1章

コーチになって気づいた
子どもとのかかわり方

なぜ、私がコーチになったのか

　2000年8月、プロテニスプレーヤーとしてツアー真っ最中の杉山愛（娘）から電話があったのは、コーチとして全国高等学校総合体育大会に参加している時でした。それは、私が指導していた選手が決勝に挑む前日のことでした。この大会は、私とその選手にとってどうしても優勝したい大会でしたので、愛からの今までにない悲痛な電話にさえも、「わかった。明日の試合が終わったら、スケジュールを調整してアメリカに行くね」と淡々とした返事をしたのです。

　今から思うと、私はコーチという仕事を優先し、母としての私に電話をしてきた愛に対して、とても冷たい返事をしたのでした。子育ての最中は、どんなに忙しくても手を止めて、子どもたちの相手をしてきた私にとっては、あるまじき対応でした。しかし、この時の愛はすでに25歳、ダブルスでは世界ランキング1位、シングルスでも20位前後の位置でプレーしている選手でした。私はもう子育てを卒業していた時期で、また、彼女のチームの一員として口出しする余地は寸分もなかったことを思えば、それは当然の対応だったともいえます。結果的には、その電話から2週間後にはアメリカへ行ったのですから、大きな問題ではなかったのかもしれません。

　しかし、この電話の内容は、その後の愛と私に大きな問題を投げかけました。愛は、25歳になるまで毎日テニスをしたり、友だちと話したり、悩んだり、克服したりしながら、バランスよく楽しい日々を送っていたのですが、その時の電話では「もうテニスをやめたい！」と口にしたのです。

　私は「もし今、嫌になったという理由でテニスをやめてしまったら、今後、どんな仕事に就いたとしても、趣味を持ったとしても、何でも中途半端になってしまうと思うのだけど、愛はテニスをやりきったと思う？」と尋ねました。すると「やりきっていない」と愛が言ったので「だったら、やりきってみたら？」と提案しました。それに対して「そうだね、やりきってみるよ！でも何から手をつけたらいいかわからない。ママには見えるの？」と尋ねられました。

　私は、「ママには見えるよ！」と返しました。この時から愛と私の間には、選手とコーチという関係が生まれたのです。

杉山愛（左）と著者。今も娘の笑顔が「いちばん」

母親とコーチの違い

こうして愛のコーチになったのですが、この先大きな葛藤の日々が待っているとは、まだ愛も私も気づいていませんでした。

親として、コーチとして、アスリートを支える葛藤の日々。その後、杉山愛は2003年にシングルス世界ランキングトップ10入りを果たし、2009年に17年間の現役生活を終えた

私が親として愛を応援していた時には、練習でも、負けた試合でも、勝った試合でも、愛が楽しそうにしている姿を見るのが大好きでした。愛は、本来とても負けず嫌いでしたので、試合に負けると、時には泣きじゃくり、時には顔を真っ赤にして怒り、私の中にはない悔しがりぶりでしたので、そんな姿を見ることも楽しんでいました。愛を丸ごと受け入れることができていたのかもしれません。私は「負けたのは残念だけど、一生懸命練習したのだから、またコーチと相談して頑張ればいいじゃない!?」と常にエールを送り続けていました。

こうした気持ちを持ったままコーチを引き受けてしまった私は、あることに気づきます。親は結果にこだわることなく応援し続ければよいのですが、コーチとなるとそうはいきません。同じように愛情を持って応援するのですが、結果を出さなければならないのです。なぜ、こんなこともわからず、私はコーチを引き受けてしまったのでしょうか？ それは、「愛に笑顔が戻れば、またツアーでやっていける。それなら私にできる」と確信していたからです。その基本的な考えは間違っていなかったのですが、その手法に関しては具体的にイメージができていませんでした。

その後、愛は世界ランキングを50位くらいにまで落としてしまいました。その選手をトップ10に持っていくマニュアルはどこにも存在せず、私が想像していたよりもプロツアーは厳しい世界であることが、その後の経験ではじめてわかったのです。

このように、自分の娘に、母とコーチという2つの立場でかかわることによって、**指導者と親の子どもへのかかわり方は全く違うもの**だということが、相当はっきりしてきました。指導者は、自分の哲学はもちろん、立場や役割をきちんと踏まえて、より具体的に子どもとのかかわり方をイメージすることが重要であることが見えてきます。ちょうど、《娘－母親、選手－コーチ》との関係は、スポーツ共育における《子ども－保護者、子ども－指導者》の関係と大変よく似ているのです。

トップアスリートの
幼児期に見られる共通点

アスリートと接する中での気づき

私はテニスコーチとして、25年以上にわたって多くの選手とかかわってきました。地域のテニスクラブなどでテニスを楽しんでいる選手から、世界に通用するトップアスリートまで様々です。

これらの選手とのかかわりから得た最大の発見は、トップアスリートのスキル（技術）の高さだけでなく、相手選手への思いやりや謙虚さ、勝敗によらない真摯な対応などからも感じられる優れた人間性でした。そしてそれは、**幼児期に最も身近にいる保護者からの影響が大きく関係していること**がわかりました。さらに、そこからのすばらしい発見は、**幼児期から楽しくスポーツをするとよい**ということでした。

しかしながら、昨今の都市化や少子化などから、子どもたちが身体を動かして遊べる場所、仲間、時間が減少しています。さらには公園や公的施設からは遊具が撤去され、用具を使った遊びが禁止されるなど、子どもたちの日常から外遊びをする機会が奪われているのです。

これらの状況を受けて、2012年3月に文部科学省より『幼児期運動指針』が出され、幼児期には1日に「合計60分以上、楽しく体を動かすこと」が大切だと定められました。この『幼児期運動指針』では、「多様な動きが経験できるように様々な遊びを取り入れること」「楽しく体を動かす時間を確保すること」「発達の特性に応じた遊びを提供すること」の3つのポイントが示されています。幼児期の運動においては、保護者だけでなく指導者の影響も計り知れません。ぜひとも、子どもの発達段階に合わせた遊びを上手に取り入れ、楽しく身体を動かす時間をつくってほしいと思います。

トップアスリートの両親へのインタビューで見えてきたもの

2009年10月、杉山愛の選手引退が決まり、私は世界転戦から9年ぶりに日本へ戻ってきました。そうしてテレビのスポーツ番組を見ていると、画面に映し出される選手たちのさわやかさやオーラにびっくりしました。自分の置かれている状況、気持ちや思い、考えなど、その流暢な語り口は、明らかに10年前とは違うものでした。しかもその選手たちは世界を舞台に戦う10代、20代の若い選手なのです。

この選手たちに魅了された私は、彼らをつくった秘密がスポーツにあるのではないかと研究を始め、トップアスリートの両親にインタビューを行い、4名のアスリートの子ども時代の教育環境について、『日本の若手トップアスリートにおける両親の教育方針に関する一考察』（杉山芙沙子、2011）として論文にまとめました。ここで見えてきたのは、幼児期の育ち方とスポーツへの取り組み方の共通点です。

まず、遊びの習慣として、「1人よりも友だちや家族などと多人数で遊んでいた」「室

＊：『一流選手の親はどこが違うのか』（新潮新書、杉山芙沙子著）参照

内だけでなく、公園や保育所・幼稚園などの外でよく遊んでいた」ことが挙げられます。プロゴルファーの石川遼選手の場合は、家族でよく公園へ出かけ、夕方まで友だちと楽しく遊んでいたそうです。また杉山愛の場合も、雨が降らない限りは毎日公園で遊んでいました。彼らは**外遊びに多くの時間を費やしていた**のです。

次に、スポーツ経験については「アスリートとして専念する競技（以下、専門競技）を0～5歳という早い時期から始めていた」「早い時期から専門競技を始めたのは、プロアスリートになることを意識したわけではなく家族の団らんのためであった」ことが挙げられます。プロテニスプレーヤーの錦織圭選手の家庭ではテニスを「家族の絆」と表現し、石川遼選手の家庭では親子で楽しむゴルフの時間を「家族の団らんの時間」として大切にしていました。彼らが専門競技を始めたきっかけは、まず家族がスポーツを楽しんでいたことであり、そのスポーツをする環境で過ごす機会が多かったために、自然と遊び感覚で慣れ親しむことができたのです。また、両親はプロアスリートとして活躍してほしいという思いや期待を抱いていたわけではなく、家族で一緒に遊ぶ喜びを味わうことが目的でした。その結果として、家族間に共通の話題が増え、**スポーツを通して親子のコミュニケーションが多く生まれていた**のです。

そして彼らは、専門競技以外にも様々なスポーツや習い事をしていました。元プロゴルファーの宮里藍さんは、野球やバスケットボール、ピアノ、書道などを楽しんでいました。また、杉山愛も体操やスイミング、バレエ、フィギュアスケート、ピアノ、絵画などを行っていました。彼らは専門競技に専念する前は、**多種多様なスポーツや習い事から、「楽しい」「もっとやりたい」という思いを膨らませ、最終的に1つのスポーツに専念するようになった**ということも共通していました。

4名のトップアスリートは、幼い頃から身体を動かすことが好きで、とても楽しんでスポーツに取り組んでいました。夢中でスポーツに取り組み、楽しく身体を動かすことで脳を発達させ、スポーツを通して生まれた多くの会話により彼らのコミュニケーション力が養われていったと考えられます。彼らはまさに、スポーツを通して脳を鍛え、競技スキルばかりでなく、【身体体力】【精神体力】【知的体力】が支える「**生きる力＝人間力**」を高めていったといえるでしょう。

このことからも、**幼児期に「身体を動かすことが楽しい！」と思える体験を積み重ねることは、人間力を高めることにつながる**のだと考えられます。それと同時に、こんなにすてきなスポーツを幼児教育のツールとして使わない手はないと思い、「生きる力＝人間力」を高めるプログラムとして、『**スマイルシッププログラム**』を開発しました。そして、スポーツを通して子どもも指導者も共に育つことから私たちは「**スポーツ共育**」と呼んでいます。

＊：【身体体力】【精神体力】【知的体力】：P54-59参照

第1章

子どもの「いちばん」を見つけるために

スポーツ共育は指導者の成熟と子どもの成長のスパイラル

『スマイルシッププログラム』は、指導者の学びを促進し指導者の「いちばん」を見つけるマネジメントプログラムと、子どもの「いちばん」を見つけるスポーツプログラムから構成されます。

マネジメントプログラムとして指導者の学びを大切にしていることには、2つの理由があります。1つ目は、自ら考えアウトプットすることでプログラムの理論を深く理解し、実践に落とし込む土台をつくることです。2つ目は、指導者が学び成長する習慣をつくることで、子どもの可能性を見出し伸ばす人であり続けることです。

スポーツ共育では、指導者や保護者にとってスポーツの技術を子どもに教えることだけが大切なのではなく、子どもの身体・心・脳の発達を促し、子どもの可能性を見出し伸ばすために自分自身も成長し続けることが大切です。**指導者が成熟すること**によって子どもの成長を敏感に感じ取れるようになり、**一人ひとりの「いちばん」を見つけること**ができるようになるのです。

『スマイルシッププログラム』が大切にしている3つのこと

『スマイルシッププログラム』では【考】【楽】【伝】の3つを合言葉にしています。

1つ目の【考】とは、**主体的に自ら考えること**を意味します。指導者はやり方ではなく考え方を学びます。考える習慣を身につけることで、予測のできない子どもとのやりとりにおいて、しなやかに発想し、臨機応変に対応する力を養います。また、どのように声をかければ子どもの人間力を高めることができるのか、自ら思考して実践する力を身につけます。スポーツプログラムには、頭を使う遊びや運動を取り入れることによって子どもの脳に適度な刺激を与え、成長を促します。頭で考えながら身体をコントロールすることを学び、コーディネーション能力を養います。

2つ目の【楽】とは、**楽しむこと**を意味します。指導者は挑戦することを楽しみ、日々の成長を実感することが大切です。

「楽しいからするのではなく、することを楽しむ姿勢」を学び、視野を広く保って、子どもが挑戦することを楽しみ、達成感を味わえるようプログラムメニューの難易度を調整します。「昨日できなかったことが今日できた!」という成長を子ども自身が実感できれば、運動やスポーツに夢中になり、楽しんで身体を動かすようになるでしょう。

3つ目の【伝】とは、**自ら伝える・発信すること**を意味します。指導者は自分自身のことを知り、考えをアウトプットするトレーニングをすることでプレゼンテーション力を養います。また、傾聴のスキルを身につけることで、人の思いや言葉を深く理解し共感する力を養います。そして、スポーツプログラムの最後には、子どもたちが自分自身の考えや思いを発表する機会を設

け、自分の言葉で伝える力を養います。話す機会を得ると同時に、人の話を聴く機会を積み重ねることで人の気持ちに寄り添い共感する力を養うことができます。

『スマイルシッププログラム』で子どもが変わった！

『スマイルシッププログラム』を受けた子どもたちの変化について、保護者にアンケート[*1]をとったところ、次のような2つの大きな特徴が見られました。

1つ目は、**子どもが楽しんでプログラムに参加していること**です。「ほかの習い事よりも楽しみにしている」「毎回参加を楽しみにしている」という声が多く、子どもたちがプログラムを楽しんでいる様子が伝わってきます。スポーツがもたらす効果を最大限に活かすには、子どもが楽しみ、継続して身体を動かす機会をつくることが大切です。幼児期の「楽しい」スポーツ体験によって、その後のスポーツへの取り組みが大きく変わっていきます。

2つ目は、**【身体体力】やスポーツにおける技術面の成長よりも、【精神体力】[*2]や【知的体力】の成長を感じていること**です。「人の話を聴く力がついた」「自分を表現する力がついた」「集中力が増した」「ルールを守れるようになった」「積極性が増した」「挑戦する姿勢が見られる」など様々な子どもの成長が見受けられます。

スポーツは、子ども一人ひとりの得意なことや魅力、成長など、その子の持つ「いちばん」に気づきやすく、人間力を高める最適なツールになることが、さらに明確になってきました。

『スマイルシッププログラム』の基本理念

指導者の「いちばん」を見つける
マネジメントプログラム

子どもの「いちばん」を見つける
スポーツプログラム

考え方を教える
考える習慣をつける
考えることで成長する

成長を実感する
夢中になる
楽しくなる

発表内容を考える
発表する
発表を聴く

＊1：『スマイルシッププログラム』を導入している、渋谷スポーツ共育プラザ＆ラボ "すぽっと"（東京都渋谷区）で実施。
＊2：【身体体力】【精神体力】【知的体力】：P54-59参照

第1章

スポーツは人間力を高める
最適なツール

「生きる力＝人間力」を
高めるために

　近年、世界情勢や社会経済など様々なものがめまぐるしく変化する中で、次世代を担う人たちは、好むと好まざるとにかかわらず、こうした社会・環境・状況を生きていかなければなりません。このような現代社会の変化に柔軟に対応し、1人の人間として自立して生きていくための力、「生きる力＝人間力」を高めていくことが大切です。

　文部科学省が定める『学習指導要領』には『『生きる力』を育むこと」という理念が2002年度より掲げられています。生きる力は「知・徳・体のバランスのとれた力」と定義され、子どもたちが基礎的・基本的な知識や技能を身につけたのち、それらを応用できるような思考力や判断力、表現力などを養うことを目指しています。そして「幼児期の終わりまでに育ってほしい姿（10の姿）」は、この生きる力の基礎を培うための目標として明示されています。

　『スマイルシッププログラム』では、「生きる力＝人間力」を、【身体体力】【精神体力】【知的体力】の「3つの体力」が支えていると定義し、スポーツはこれら「3つの体力」を養う最適なツールになり得ると考えています。なぜならば、スポーツを行うには、身体を使って素早く動いたり高くジャンプしたりするだけではなく、集中したり作戦を考えたりするなど、心や頭の力も自然と使うためです。

　そこで、これらの「3つの体力」を順に見ていきましょう。

① 身体体力*1

　健康を維持し身体を動かすために用いる力を意味します。

　【身体体力】の中には、スピード、持久力、瞬発力、筋力、柔軟性、敏捷性、協応力、コーディネーション能力（定位、変換、連結、反応、識別、リズム、バランス）などがあります。これらは手足や顔、胴などの身体の部位や、それぞれを保つ筋肉を連動させて動かし、周りの状況に合わせて変化・対応させていく力です。

　歩いたり、走ったりすることでも自然と養われる【身体体力】ですが、ボールやラケット、バット、クラブなどの用具を使ったり、自分と目標物との距離を測るような運動を取り入れると協応力、定位、変換、識別などを養うことができます。

　また、音や音楽に合わせて歩いたり、踊ったり、ジャンプをしたりする動きを取り入れると、瞬発力、連結、リズムなどを養うことができます。

② 精神体力*1

　身体を動かす際に切り離すことのできない心の力を意味します。

　【精神体力】の中には、忍耐力、共有力、自立力、感謝する力、行動力、集中力、協調性、思いやる力、持続力、挑戦力、レジ

リエンス[*2]、グリット[*2]などがあります。これらは、行動に向かうためのモチベーションを保つ力、行動自体を助ける心の強さ、そして他者とのかかわりの中で行動するために必要な、人を思いやる力です。

スポーツに取り組む際には、何かしらの目標や到達点があります。「○m走る」「ボールをかごやゴールに入れる」「1曲踊り切る」などです。子どもの成長に合わせてその日に行うスポーツの目標や到達点を設定すると、子どもの集中力が保たれ、達成感を味わうことができ、次のレベルに到達したいという意欲が生まれます。そしてこれらの達成感は自信となって積み重なります。

③ 知的体力[*1]

行動に至るまでのプロセスである、頭を使って考える力を意味します。

【知的体力】の中には、判断力、直感力、決断力、予測力、注意力、思考力、記憶力、表現力、人を称える力、発想力、対応力などがあります。

ただ身体を動かすだけでなく、ルールのあるスポーツを行うことで、脳にさらなる刺激を与え、脳を活性化させます。例えば、あらかじめ子どもとルールを決めて、約束をすることで、歩くのか走るのかなどの判断力、指導者の見本を見る注意力、どのようにしたら上手にできるのか考える思考力、人を称える力などを養うことができます。

このように楽しくスポーツに取り組むことは、これら「3つの体力」をバランスよく養い、自然と「生きる力＝人間力」を高めることにつながっていきます。

スポーツで得られる力

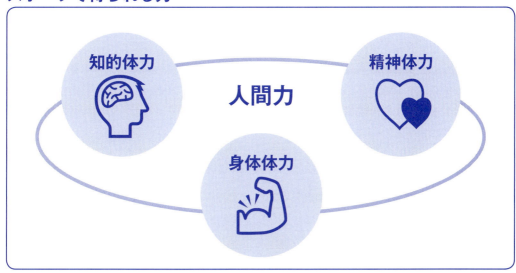

＊1：【身体体力】【精神体力】【知的体力】：P54-59参照
＊2：レジリエンス、グリット：P58参照

第1章

スポーツで幼児期の脳を鍛える

幼児期の脳の発達

脳や脊髄を含む人の神経系は、誕生から20歳までの発育量を100％とすると、5歳までにその約80％の成長を遂げるといわれています。脳が発達するとは、ニューロン（神経細胞）同士をつなぐシナプスが増えること、そしてそのシナプスを介してニューロンからニューロンへと情報伝達が行われる神経回路が増えることを意味します。

幼児期には五感を使って脳に多くの刺激を与えることで、シナプスと神経回路をできる限り増やすことが大切です。そして、刺激をくり返し与えて神経回路を丈夫にすることで、刺激や情報に対して行動の選択肢を持ち、その中から状況に応じて適切に対処する脳を育てることができるのです。

スポーツと脳の関係

スポーツを行う際には、私たちは無意識に脳のあらゆる領域を使っています。例えば、サッカーで相手のゴールに向かってドリブルをしている場面を想像してください。

脳の視覚野で相手や味方を、聴覚野で音や声を認識します。それらの情報をもとに頭頂連合野で相手や味方の位置関係を認識します。その間もずっと小脳で身体のバランスをとりながら、下側頭回が足元のボールを認識し、補足運動野の働きにより走り続けています。「こっちにパス！」という味方の声が聞こえてきたら、その内容をウェルニッケ野で理解し、周りの状況と合わ

せてパスしようと前頭前野が判断します。さらに運動前野が身体をどの方向にどのくらいどう動かすか作戦を立て、一次運動野から筋肉へ司令情報が伝わり、ボールを味方にパスします。

このような一瞬の場面においても、あらゆる情報が脳の神経回路をかけめぐり、様々な領域を活性化させています。

スポーツを通して 「生きる力＝人間力」を高める

人の前頭前野は、ほかの動物と比べると圧倒的に大きく、この前頭前野の働きこそが人間らしさを象徴するともいわれています。前頭前野は、考えたり、判断したり、人の気持ちを推測したり、やる気が湧いたり、我慢したり、集中したり、同時に複数のことに取り組んだり、感情をコントロールしたり、人とコミュニケーションをとったりすることなどを司っています。

前頭前野を活性化させることは、まさに**「生きる力＝人間力」を高める**ことにつながるのです。例えば、**友だちとの対話や遊び（スポーツ）を楽しめる環境づくりをすることで、子どもたちの脳を活性化させることができます。さらに、そこから達成感を得ることでドーパミンが分泌され、「またやりたい！」という意欲が生まれます。**これらのサイクルが、「生きる力＝人間力」を高めていくのです。

第**2**章

子どもの可能性を伸ばす10の黄金法則

『スマイルシッププログラム』では
【身体体力】【精神体力】【知的体力】を
総合的に養う工夫をしています。
そのために、指導者が常に留意し
実践している10の黄金法則をご紹介します。

第2章

子どもの可能性を伸ばす
10の黄金法則とは

人間力を高めるツールとしての『スマイルシッププログラム』

第1章で述べたように、楽しくスポーツをすることで、【身体体力】が養われるばかりでなく、脳が活性化し、【精神体力】や【知的体力】も養われていきます。まさに子どもの人間力を高める最適なツールとなりえるのです。『スマイルシッププログラム』では、プログラムを通して子どもたちが、①楽しくスポーツに取り組み、②考え・表現し・伝える力を伸ばすことで主体性を育て、③挑戦とやりきる体験をくり返すことで達成感を得て、④自信と自己肯定感を高められるよう、子どもの発達を踏まえてプログラムを構成し、声かけしています。

指導者の学びと成長が子どもの可能性を引き出す

プログラムを指導する上で大切なことは、指導者自身の人間力です。「スポーツプログラムの指導には、スポーツの競技スキルや知識が大切なのでは?」、そう思われる方がいるかもしれません。もちろん競技スキルや知識があるほど、より専門的な指導を行えるため、それらを身につけることは子どもたちにとってとてもよいことでしょう。しかし根本的な人間力は、物事のとらえ方や用いる言葉、子どもへの接し方に表れるため、競技スキルや知識よりもスポーツプログラムの指導に大きく影響します。

例えば、「ボールをバウンドさせて友だ

ちに渡す」というメニューがあります。相手が捕りやすい場所にボールをバウンドさせることは、子どもばかりでなく、大人にとっても難しいことです。それはボールの大きさや硬さなどによって、ボールの弾み具合や、ボールが弾んだあとに飛ぶ距離などが異なるため、なかなかうまくいかないのです。そこで、『スマイルシッププログラム』では、子ども自身が【考え】【工夫し】【挑戦する】ことを見据えて、次のように声かけし、考えるプロセスを伝えています。

・友だちが捕りやすい位置はどこか?
・友だちが捕りやすい位置でボールが弾むようにするには、どのくらいの強さで投げるのがよいか?
・投げるタイミングはいつか?
・友だちはどう思ったか(どのような表情をしていたか)?

上記のように、考え、判断し、実行に移し、相手のことを思いやるプロセスをくり返すことで、子どもに思考力、判断力、協応力、相手を思いやる力などが身につき、力の加減の仕方やボールをコントロールする方法などを学んでいきます。

指導者は、このようなスポーツを通した学びを最大限に引き出せる存在でいるために、自身の人間力を高める取り組みをしています。その1つに、指導者が常に留意し実践している10か条があります。本章では「子どもの可能性を伸ばす10の黄金法則」として1つずつ解説していきます。

子どもの可能性を伸ばす 10の黄金法則

1 互いを「尊重し合う」ことの大切さ

2 子どもに「求められている」ことの大切さ

3 「気づく」ことの大切さ

4 目標を持って「続ける」ことの大切さ

5 「正しい答え」は1つではないことの大切さ

6 「絶対評価」であることの大切さ

7 何でも「楽しく」してしまうことの大切さ

8 「励ます」ことの大切さ

9 「ほめる」ことの大切さ

10 「待つ」こと、そして「学び続ける」ことの大切さ

第2章

互いを「尊重し合う」ことの大切さ

実年齢で考えない人との向き合い方

例えば、30歳の女性に子どもが生まれたとします。子どもは0歳ですが、母親は何歳でしょうか。実年齢は30歳ですが、その子の母親としては0歳といえます。では、3年後に第二子が生まれたとしたらどうでしょうか。実年齢は33歳ですが、第一子の母親としては3歳、そして第二子の母親としてはやはり0歳となります。

母親や指導者のように、相手よりも自分の年齢や立場が上になる場合は、上下関係を築き、一方通行の「教育」をしようと気負いがちです。「私のほうが人生経験があるから」「私のほうがキャリアが上だから」「〇歳児クラスはもう担当したから」などと、大人同士の関係性においても、自分自身にプレッシャーを与えてしまうことがあるかもしれません。

しかし、関係性というのは、誰とでも0の状態から始まり、月日を経て互いのことを理解し合う中で徐々に育まれていくものです。前述の例においても、それぞれの子どもと母親の関係性は、どちらも始めは0であり、かかわり合いの中でそれぞれの関係性が唯一無二のものになっていくのです。人にはそれぞれ個性があるため、個々の違いを認めて尊重し、それぞれに向き合うことが大切です。その過程で、双方から学び、成長する「共育」が生まれると考えます。

子どもの意思や自主性を重んじ互いに尊重できる関係づくり

『スマイルシッププログラム』では、楽しくスポーツをすることで、【身体体力】【精神力】【知的体力】をバランスよく養い、「生きる力＝人間力」を高めることを目指しています。脳の活性化には「楽しく」身体を動かすことが何よりも重要なため、指

導者は子どもの意思や自主性を重んじ、嫌がっているのにプログラムへの参加を無理強いしたり、子どもが自分の考えを話しているのに、その話を遮って指導者の意見を押しつけたりしないよう気をつけます。このように、指導者は子どもが自分の気持ち・意思・意見を自由に表現できる環境をつくることを大切にしています。

ただし、子どもの自主性を尊重し、子ども自身が意思や意見を表現し伝えることを大切にすることは、子どもの言動を何でも許し、思い通りにさせることとは異なります。大切なのは、同じ目線で「互い」を尊重し合うことがきるかどうかです。

例えば、日頃からプログラムに参加している子どもが、全く参加したがらなくなるようなことがあります。指導者は折りにふれて「ちょっとやってみる？」「先生と一緒にやってみる？」と声をかけます。それでも子どもがかたくなに「やらない」意思を貫く場合、子どもの「やりたくない」という気持ちを受け、声はかけても無理矢理参加させることはありません。そしてプログラム終了後には、子どもの体調を気遣ったり、次回の参加を楽しみしていることを伝えたりします。

発達段階にもよりますが、子どもが「やりたくない」「参加したくない」などの意思を示すことには、必ず理由があります。指導者は、子どもが部屋に入ってきた時の雰囲気や様子を振り返ったり、「どうしてそう思うのだろう」「どうしてこの子はその選択をしたのだろう」「ここに来るまでに何かあったのかな」と子どもの言動の背景を考えたりして、次のようなコミュニケーションを心がけます。
①相手の言動を受けとめる
②その言動の理由や子どもの意思を聴く
③自分の意見を伝える

例えば、「できないからやりたくない」という意思表示をした際には、まず「そうなんだね、○○ちゃんはできないと思ったのね」と子どもの意思を受けとめ、「どうしてそう思うのかな？」と理由を尋ねます。こうしたやりとりの末、互いの信頼関係が生まれたところで、「でも先生は○○ちゃんが○○しているところを見たいな」などと指導者自身の意見を伝えます。一方の意見や気持ちを押しつけるのではなく、双方が納得してプログラムに取り組むことを心がけているのです。

指導者は「やりたくないなら、やらなくてよい」という姿勢ではなく、プログラムが子どもにとっての学びの時間であることを意識し、声かけを通して子どもにも相手を尊重することの大切さを伝えています。この、互いを「尊重し合う」ことの大切さは、「正しい答え」は１つではないことの大切さ（32ページ）や「絶対評価」であることの大切さ（36ページ）とともに、対人関係を構築する上での指導者の指針となっています。

21

第 2 章

子どもに「求められている」ことの大切さ

「求められている」ことを常に気にとめる

　幼児期の子どもは承認されることを求め、話しかけてきたり、たくさんの質問を投げかけてきたりすることが多々あります。そうした時に、どのような対応をしているでしょうか。どんなに忙しくても、「なあに？」「ちょっと待ってね」「今○○しているのだけれど、急ぐ？」などと、言葉やしぐさでこちらの気持ちや状況を伝えているでしょうか。指導者や保護者側にゆとりがなく「今は忙しくて、ていねいに相手をしていられない」という気持ちがあると、それらを子どもに見せないように振る舞ったつもりでも、大人の反応を待ち、その心を敏感にとらえている子どもには、自分のほうに気持ちが向いていないということが伝わってしまうものです。

　子どもが小さいうちは、大人が手助けしなければならないことが多く、明らかに子どもから「求められている」ことを感じることができますが、子どもが1人でできることが増えてくると、次第に「求められている」ことを忘れがちになってしまいます。また、甘えたり、自己主張したりしたくても、どのように表現したらよいかわからないために、行動できずにいる子どもは、指導者や保護者に話しかけたり、気を引こうとしたりしないこともあるでしょう。一見、聞き分けがよく大人しい子どものように見えても、心の中では指導者や保護者の反応を求めていることもあります。

　このように、忙しさや煩わしさ、わかりづらさを理由に、子どもをないがしろにしてしまうことがあるかもしれませんが、たとえ「求められている」かどうかがわかりにくかったとしても、指導者や保護者は、子どもの「求め」をキャッチするためのアンテナを常に張っておきたいものです。

「求める」「求められる」ことで コミュニケーション力が養われる

こうしたことは、大人同士のかかわり合いでも同じことがいえます。人に話しかけたり、話しかけられたりする際に、相手にせず誠実に向き合わないようでは、決してよい雰囲気は生まれません。また、このようなミスコミュニケーションが続いてしまうと、双方の隔たりが大きくなり、どんどんコミュニケーションを取りづらくなってしまいます。子どもたちにしてみると、注意や小言を言う時だけ一方的に話しかけてきて、自分たちの言うことには耳を傾けてくれない、ということが積み重なれば、子ども自身のコミュニケーション力を培う上で支障をきたすことにもなりかねません。

子どもの自由な発言を認め、「いつでもあなたを見ているよ」「あなたの存在を認めているよ」という指導者や保護者の態度や姿勢は、自分を表現できる安心な環境として子どもたちの成長にとって欠かせないものです。つまり、子どもが自分の意思を表現している時には、「どんなタイミングであっても子どもなりの意味がある」と考えて対応する指導者や保護者側の心のゆとりが大切なのです。そのために指導者は、子どもが話しかけてきた時だけでなく、子どもの視線や声色、顔色などから発せられるサインを見逃さないよう、よく観察し意識して「気づく力」を養っていきましょう。

コミュニケーション力は「求める」ことと、「求められる」ことの相互のやりとりで養われていきます。「求め」に気づき、思いやりを持って態度や言葉に表すことをくり返すことで相互理解を深め、信頼関係を築いていくことができます。子どもの「求め」に応じるちょっとした声かけが子どものモチベーションを高めることにもつながり、さらにはプログラムを「楽しむ」ことにもつながっていくのです。

指導者自身のモチベーションを 維持するために

とはいえ、子どもの「求め」に対して、常にアンテナを張って過ごすことは、容易なことではありません。理解はしていても、行動がともなわないことはよくあります。それでは、行動に移していくにはどうしたらよいでしょうか。まずは小さなことから始めることが大切です。例えば、指導現場だけに限らず、日常生活の中でも、指導者同士の会話でも、人の話に耳を傾け、自分の気持ちや感情を人に伝えることを心掛けてみましょう。そこで相手の気持ちや感情を理解し、たとえ相手に同調できない場合でも自分の気持ちや感情を整理して冷静に伝えてみましょう。これがコミュニケーションの始まりです。このようなやりとりを積み重ねることで、他者理解が深まり、気づく力が養われていき、徐々に指導現場や保育現場でも楽しくコミュニケーションをとれるようになっていきます。

第2章

「気づく」ことの大切さ

子どもの小さな変化を見逃さない

　「気づくことはすべての始まりである」として『スマイルシッププログラム』では「気づく」ことに特に重きを置いています。この心得は、子どもに対してだけでなく、職場でも、家庭でも、そして自分自身に対しても、意識を向けることの大切さを表しています。では、子どもに対して「気づく」とは、どういうことでしょうか。

　子どもたちは日々成長します。プログラム中は、「できる、できない」「得意、不得意」という、わかりやすい子どもの様子に気をとられがちですが、「活動中に友だちをよく見ている」「用具を大切に扱う」「あとかたづけを率先して行う」「順番を待つ」など、それまではしなかったこと、できなかったことをするようになった時に、その変化や成長に、指導者が意識して気づくこ

とが大切です。そうした気づきを言葉にして伝えることで、子どもたちは自らの存在に自信を持てるようになっていきます。

　自ら積極的にアピールをする子どもの場合、指導者の目線は自然とその子に向きやすくなりますが、あまり積極的にアピールをしない子どもに対しては、指導者が意識的にその子を見よう、変化に気づこう、としなければ見逃してしまうことがあります。

　例えば、スポーツプログラムでは最後にみんなで輪になって座り、気持ちや意見を表現するサークルタイムを行います。子どもたちの自主性を大切にしているため、話したい子が挙手をして発言するよう促しますが、中には「発言したいな」と思っていても、なかなか手を挙げられない子どももいます。発言をする気が全くない子をあてる必要はありませんが、「話したい気持ちがあるかな？」と指導者が気づいた時には「○○ちゃん、少しお話ししてみる？」と、

24　第2章　子どもの可能性を伸ばす10の黄金法則

こちらからアクションを促す声かけをします。すると、手を挙げられなかった場合でもうれしそうに発言することがあります。

ささいなことですが、この1回の経験で子どもに自信が生まれ、次回から自主的に手を挙げられるようになることがあります。このように、子どもの小さな変化や成長に指導者が気づき、声かけすることが、子どもの成長を引き出すことにつながります。そのため指導者は、日頃から子どもをよく観察し、コミュニケーションをとれる関係性でいることが大切です。

「気づき」を伝えるコツ

気づくことがあまり得意ではない人は、周りから「何で気づかなかったの？」と言われてしまうことがあるかもしれません。「気づく」ためには、子ども一人ひとりに関心を持ち、子どもの様子を覚えたりこれまでの様子を思い出したりしながら、意識を集中させて子どもを見ようと努める必要があります。

気づく力を高めるためのトレーニングとして、まずは自分の気持ちや感覚に気づくことから始めてみましょう。例えば、今日の夕食には何を食べたいでしょうか。材料や作る時間があるか、家族が食べたいと思うかなどの様々な制約があると思いますが、もし一人で食事をするとしたら何を食べたいか、身体は何を欲しているかといった自分の気持ちや感覚に敏感になり、自分の「wish（望み）」に気づくことが大切です。

また、子どもに対して気づく力を高めるためには服装など、外見を見ることから始めてみましょう。「今日のリボン、かわいいね」「青のTシャツがとても似合っているよ」「靴を新しくしたの？　すてきね」など、子どもたちが身につけているものをよく観察し、どんなに小さなことでも気づいたことや感じたことを伝えるようにします。毎日意識して観察し、変化や成長を言葉で伝えることで、その反応などから、子どもたちの内面の変化に少しずつ気づくことができるようになるでしょう。それは、「先生が見てくれている」という子どもにとっての特別な感情や安心感へとつながり、表情や動作でうれしい気持ちなどを表現しやすくなるためです。

プログラムでは、始めから器用にこなすことができる子もいれば、なかなかうまくできずに泣いてしまったり、嫌になってしまったりする子もいます。そのような場合、「○○ちゃんならできるよ！」「諦めないで！」と、その場の状況だけで声かけしてしまうと、指導者の言葉に根拠が感じられず、子どもの不安や緊張が解消されないため、子どもの心に響かないことがあるでしょう。そこで、「ここまでは、すごく上手にできていたよ。ラケットの持ち方もこの前よりよくなったね。だから、こうしたらあと少しでできるようになるよ」などと、これまでの子どもの努力や行動について気づいたことを伝えてみましょう。すると、子ども自身も自分の成長に気づくことができ、

第2章

勇気と自信を持って挑戦することができるようになっていきます。

また、指導者はプログラムを通して「子どもが楽しんでいるか」「好きなことや得意・不得意は何か」「どんな性格か」「プログラムにおける到達度はどのくらいか」などの子どもに関する目に見えない情報を意識して集めます。こうした気づきは、プログラムの難易度をその場で調整したり、メニューを変更したりするためにも必要ですが、最も重要な点は、子どもへの声かけに活かすことにあります。子どもの努力や挑戦する姿勢に気づき、前回より少しでも成長した点があれば、それを伝えることで子どもに勇気や自信が生まれ、人間力を高めることにつながっていきます。

「気づき」を活かすための指導力とは

このように、スポーツには子どもの小さな成長が見えやすく、それらに「気づきやすい」という利点があります。例えば、ボールを投げるというメニューでは、周りの様子に注意を払う、「いくよー、キャッチ」と言葉にする、ボールから手を離す、ボールを捕る、ボールの行方を追う、投げられる距離が伸びる、高く投げる、力強く投げる、何回も挑戦するなど、「前回できなかったことが少しできるようになった」という子どもの小さな成長に気づくための材料がたくさんあります。それらに気づき、子どもにその成長を伝えることで、子どもの

自信につなげることができます。

運動が少し苦手そうな子どもも、すべてが苦手なのではなく、興味のあるものには積極的に取り組む姿を見せることがあります。その際、指導者の中にたくさんのアイデアの引き出しがあると、子ども一人ひとりの「いちばん」を発揮できる環境を提供することにつながり、子どもの可能性はどんどん広がっていきます。指導者が気づくことで、子どもの興味を深めたり、挑戦を促したりするきっかけになるのです。

こうした環境づくりのためには、子どもの気持ちを引き出せるよう、子どもと指導者の信頼関係が築かれていることが基本になります。そのため、互いを「尊重し合うこと」の大切さ（20ページ）や、子どもに「求められている」ことの大切さ（22ページ）を踏まえた上で、子どもの思いを引き出したり、指導者が子どもの成長に対する気づきを伝えたりすることが、とても重要です。そして子どもの変化に「気づく」ためには、小さな変化や成長に敏感になり、指導者が意識して子どもを観察することが大切です。

指導者は、子ども一人ひとりに合わせて「これはおもしろそう？」「これならできそうかな？」「先生と一緒にやってみる？」などと声かけしながら、子どもの反応を見ていきます。そして、それぞれの子どものスイッチが入る瞬間を見逃さず、子どもの「いちばん」を伸ばしていきましょう。

指導者を独り占めしたい子への対応

Q 指導者が子どもたちに説明をしている時に大きな声を出したり、わざとほかの子の邪魔をしたりして、指導者の気を引こうとする子がいます。どのように対応したらよいでしょうか。

A このような場合、プログラムが思ったように進行できなくなって困りますよね。「なぜそのような言動をするのか」という子どもの背景を考え、寄り添う意識を持って声かけします。プログラムの進行やほかの子どもへの対応を妨げるような場合には、指導者の状況も説明して、理解してもらえるよう努めましょう（1）。

発想を変えて、その子に指導者をサポートする役割を担ってもらうのも1つのアイデアです。「先生、見て！」と度々指導者を求める子どもの対応に、時には手を焼くこともあるかもしれませんが、子どもの存在を認めて接することで、頼もしいアシスタントに変わっていくでしょう。

子どもに求められていることを受けとめながら、その子どもの日頃の生活にも注意を払います。「何か困っている様子はないか」「家庭環境においての心配事はないか」などを意識して接することを心がけます（2、3）。

※（　）内の数字は「子どもの可能性を伸ばす10の黄金法則」と照合できます。

【10の黄金法則の観点】
1. 互いを「尊重し合う」ことの大切さ
2. 子どもに「求められている」ことの大切さ
3. 「気づく」ことの大切さ

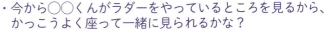

声かけ例
- 今から○○くんがラダーをやっているところを見るから、かっこうよく座って一緒に見られるかな？
- 今から○○の話をするから、聴いていてくれるかな？
- そうなんだね、今から○○をしようと思うから、またあとでお話を聴かせてね
- 今からこれを並べるから一緒にやってくれる？
- これを運ぶの、手伝ってくれる？
- 一緒にかたづけをしてくれる？

第2章

目標を持って「続ける」ことの大切さ

目標を設定することで得られる達成感が変わる

　何かを始める時、目標を持つことはとても大切です。目標を持たなかったり、漠然とした目標だったりすると、なかなか長続きはしないものです。できるだけ具体的な目標を持つことで、物事に前向きに、かつ積極的にかかわれるようになります。それがどういうことを意味するのか、わかりやすい事例があります。

　2組の親子がスイミングを習い始めるとします。Aの親子は習い事を始める前に親子で話し合って「顔を水につけられるようになる」という目標を立てたとします。一方、Bの親子は、特に目標を立てずに漠然と泳げるようになることを期待しながら習い事を始めたとします。2カ月後、AとB双方の子どもたちが顔を水につけられるようになった場合に、それぞれの親子はどのような気持ちになるでしょうか。

　まずAの親子は、当初設定した目標を見事に達成したため、保護者は子どもの成長を子どもと共に喜ぶことができ、親子に大きな達成感が生まれ、子どもの自信につながるでしょう。また、このまま習い事を続けるか確認したり、新たな目標を設定したりすることもできるでしょう。仮に、子どもがスイミングをやめたいと言った場合にも、目標を達成したため、子どもには「やりきった！」という清々しい気持ちが生まれ、親子共に充実した気持ちで次に進むことができるでしょう。

　一方、Bの親子は、子どもが顔を水につけられるようになり、本来ならば保護者は十分に子どもの成長を感じられ、子どもにとっても自信につながる状況ですが、目標を設定していなかったために親子間で「顔を水につけられた」ことに対する達成感をAの親子ほどは強く感じることができない

でしょう。あるいは、子どもには達成感があっても保護者にはその感覚がなく、顔を水につけられた事実を「泳げるようになるには、まだまだ」と軽視してしまう可能性もあります。仮に、子どもがスイミングをやめたいと言った場合には、基準となる目標がないため、子どもに「やりきった！」という感覚はなく、挫折感を味わってやめることになるかもしれません。

　前述の例では、子どもたちが到達したスイミングにおけるスキルレベルは同じです。しかし、子どもたちが習い事から得られる経験は大きく異なり、養われる【精神体力】や【知的体力】にも違いが生まれます。目標を設定し保護者と共有することで、子ども自身も「何に向かって取り組みを続けるのか」ということが明確になり、続ける意欲を保ちやすくなります。また、保護者が一方的に子どもに目標を押しつけるのではなく、親子で話し合って目標を設定することで、習い事を継続するのかやめるのかを確認し判断する区切りにもなるでしょう。

長続きの秘訣は 小さな目標を設定すること

　達成したいゴールや目的がある場合、そこへ向かって取り組みを継続することは、大人にとっても簡単なことではありません。大切なことは、大きなゴールや目的に向けて一人ひとりに合った小さな目標を設定し、目標の達成を積み重ねることです。

　このように、やる気を高めモチベーショ

ンを保つ秘訣は、脳科学や行動神経科学においても明らかにされています。幸福感をもたらしたり、記憶力や集中力を高めたりするのに、脳内の神経伝達物質の１つであるドーパミンが大きく関係しています。

　例えば、目標を設定したり、その目標を達成する姿をイメージしたりすると、ドーパミンが分泌されます。このドーパミンが豊富な状態になると物事に取り組む意欲が湧き、実際の行動につながっていきます。ただし、あまりにも現状からかけ離れた大きなゴールや目的を思い浮かべると、達成のイメージが湧かず、むしろやる気がなくなってしまいます。これでは、目標を設定したにもかかわらずモチベーションが下がってしまい、逆効果です。

　大切なことは、大きなゴールや目的から、「これならできそう」と思える小さな目標にブレイクダウンしていき、確実に前進、成長していることを実感することです。「やった！」「できた！」「ここまでやれた！」といった達成感を得ることで、ドーパミンの分泌量が増え、さらなる取り組みへのモチベーションになっていきます。

　例えば、「10kg痩せる」という大きなゴール対しては、「この１カ月間に２kg痩せる」「外食は１週間に１日のみにする」「間食をするのは１日に１回にする」「今日は炭酸飲料を飲まない」などと、小さな目標を細かく設定していきます。そして、自分自身の力で「できた！」という達成感を十分に味わうことができればさらなる目標に

ステップアップすることができるでしょう。「今日からお昼は抜いて、野菜ジュースだけにする！」といった目標が続かないのは、達成するイメージを十分に持てないほどの大きな目標になっているためです。まずは自分自身が「やった！」「できた！」と感じられるような小さな目標から始めることが大切です。

スポーツの結果ばかりにフォーカスしない

『スマイルシッププログラム』では、子どもに合った小さな目標を設定し、1つ達成する度に肯定的なフィードバックをすることを大切にしています。

例えば、子どもがメニューに取り組むたびに、必ず指導者とハイタッチをして子どもたちに達成した感覚を味わってもらうようにしています。また、「ボールを的に当てる」「ピンを○本倒す」といったスポーツにおける結果にばかりフォーカスするのではなく、「クラブの握り方が上手だね」「先生のお話をよく聴いていたね」「諦めないでできたね」などと子どもが努力しているプロセスや挑戦する姿勢などを認めることで、たとえ好ましい結果が出なかったとしても、取り組んだことへの達成感を味わえるように声かけを工夫しています。

目標は臨機応変に変えてもよい

ドーパミンの分泌量は、目標を達成する

だけでなく、楽しく運動することでも増やすことができます。子どもが「楽しい」と感じるためには、取り組む内容が発達段階に即しているかどうかが、とても重要です。

目標やプログラムの内容はクラスや年齢の単位で設定するとしても、子どもの個性や運動のスキルレベルなどの個人差に配慮し、必要に応じて難易度を調整することが大切です。例えば、ボールをドリブルすることを目標に設定する場合、全員が同じようにドリブルできるようになることよりも、誰もがメニューをやりきり、達成感を得ることが大切です。そこで、まずは両手でボールをつく練習を行います。次に片手でボールをつくことに挑戦します。片手でボールをつける子には、「同じところに返ってくるようにするにはどうすればいいかな？」などと少し難度を上げるような声かけをします。一方、片手でボールをつくのが難しい子には、「両手で何回ボールをつけるかやってみよう」などと、その子のレベルに合わせた挑戦を促します。

プログラム中は子ども一人ひとりをよく観察し、設定された目標が高すぎたり低すぎたりする場合には、その子に合った「ちょっと頑張れば達成できる目標」へと、その場で臨機応変に変更します。子どもがそれぞれに達成感を味わい、指導者がその取り組みの過程を逃さず声かけすることで、子どもの自信を深め、自己肯定感を高めることにつなげていきます。

スポーツ共育
Q&A

約束を守ってほしい時の対応

Q ルールの説明をしている時などに、座って聴けない子がいます。できるだけ無理強いしたくありませんが、集団行動ができるようになってほしいです。

A まずは、守ってほしいことを子どもたちが理解できているかを確認しましょう。子どもが理解しやすいように、約束の数を絞って、わかりやすくシンプルに伝えます。また、話し方にメリハリや抑揚をつけたり、時には方法を変えたりしてもよいでしょう。言葉で理解してもらえない場合には、イラストや人形を用いて説明するのも1つのアイデアです。

様々な工夫をしても、子どもが約束を守ってくれない時は、イライラしてしまうことがあるかもしれませんが、自分の中にある「子どもは約束事を守るべき」「指導者の言うことを聴くべき」といった感情にとらわれ過ぎていないか、少し立ち止まってみましょう。「約束は守ったほうがよいけれど、危険ではないから、ここまでなら大丈夫かな」と、指導者自身が意識を変えて気持ちにゆとりを持つことも大切です（5）。そうすれば、その状況をも楽しみながら、打開策を考えることができるでしょう（7）。

子どもの発達段階にもよりますが、ある程度、話を理解できる年齢であれば、子どもに説明をして行動してもらうよう努めます（1）。例えば、「静かに！」「座って！」「ダメ！」といった否定形や命令形の言葉を使うのではなく、「なぜ約束を守ってほしいのか」ということをわかりやすく説明することを心がけます。このようなコミュニケーションは、互いを「尊重し合う」ことの大切さを子どもが理解するきっかけにもなります。

※（　）内の数字は「子どもの可能性を伸ばす10の黄金法則」と照合できます。

【10の黄金法則の観点】
1 互いを「尊重し合う」ことの大切さ
5 「正しい答え」は1つではないことの大切さ
7 何でも「楽しく」してしまうことの大切さ

声かけ例
- かっこうよく座れているお友だちからお名前を呼ぶよ
- みんながけがをしないように、今から大事なお話をするから、よく聴いていてね
- みんなが約束を守ってくれるから、先生はとってもうれしいよ

第2章

「正しい答え」は1つではないことの大切さ

大人の期待する答えを子どもに押しつけない

　大人は、それまでの経験や価値観で物事をとらえてしまうことがあります。そのため、子どもに対して「こう思うに違いない」「こうするべき」などと、答えを決めつけて対応してしまうことがあるかもしれません。『スマイルシッププログラム』では、子どもの自由な発想や表現を狭めてしまわないように、「正しい答え」は1つではないことを意識して子どもと接しています。そのため、子どものどんな言動もまずは受けとめ、子どもの個性として認めることで、ルールの中で子どもがのびのびと自己表現できる環境をつくっています。

　例えば、サークルタイム*では次のようなことが起こります。指導者が「今日は何が楽しかったか教えてください」と子どもたちに質問する場合、多くの子どもたちは、その日に行ったプログラムの中で楽しかったことを話してくれます。「ラダーが楽しかった」「テニスが楽しかった」「ぐるぐる走ったのが楽しかった」……など、1日の活動を思い出しながらそれぞれの思いを答えます。

　しかしその中で、「おもしろくなかった」と発言する子どももいるでしょう。このような場合、指導者は少し驚いてしまうかもしれません。それは、子どもたちにプログラムを楽しんでもらうために、子どもの発達を踏まえながらメニューを考え、前回よりも挑戦の要素が入るよう様々な工夫を凝らし、子どもの成長を見逃さないよう子どもの言動を意識して見守る……など、プログラム実施に至るまでには様々な背景があり、子どもに「楽しかった」と思ってもらいたい気持ちが指導者にあるためです。

　では、子どもが「おもしろくなかった」と発言した場合に、指導者はどのように考

＊：スポーツプログラムの最後にみんなで輪になって座り気持ちや意見を表現する時間

え対応すればよいでしょうか。例えば、おもしろいプログラムを提供することができなかったことを反省し、子どもに謝ったり、「本当？　何かおもしろかったこともあったんじゃないかな。思い出してごらん」などと「おもしろかった」という言葉を何とかして引き出そうとしたり、「今日はおもしろくなかったかもしれないけど、次はきっと楽しいよ」と、子どもの言葉をサラッと流したりしてしまうことがあるかもしれません。

　残念ながら、これらの対応では子どもの自由な発想や表現力を狭めてしまうことになりかねません。それは、指導者が始めから「指導者の期待する答え」が返ってくることを想定しながら質問し、「楽しかったことを発言することが正しい」「楽しいと感じたことが必ずあるはず」といった思い込みによって、子どもの答えを誘導してしまっているためです。これでは、子どものありのままの姿を受けとめていないことになります。

思い込みを捨てることで見えてくる子どもの視点

　このように、指導者や保護者の思い込みにより、知らず知らずのうちに子どもに対して「するべき行動」や「するべき発言」を求めてしまうことがあります。そして子どもがその想定する答えや行動から外れた場合に、動揺したり、イライラしたり、または悲しくなったりすることがあるかもし

れません。そのように感じるのは「正しい答え」というものがあり、その数を１つに大人が限定してしまっているためではないでしょうか。

　仮に、「おもしろくなかった」と発言する子どもに、「正しい答え」は１つではないという考えで対応するとどうなるでしょうか。まずは、「おもしろくなかった」という子どもの発言も「正解」だと考えることができます。すると、その回答を受けとめた上で、「この子の発言はとてもおもしろいな」という視点で子どもと接することができるようになります。そして子どもに「なぜそう思うのか」について深く話を聴いたり、子どもが何を考えているのかを知るための質問ができるようになったりします。

　例えば「そうなのね。○○くんはおもしろくなかったんだね。では何がおもしろくなかったのか教えてくれる？」というような質問をしてもよいでしょう。子どもは「壁が白かったから」「電車が見えなかったから」などとプログラムと関連のないことでその日の内容を楽しく感じない場合もあり、指導者と子どもが質問と発言を通して共通認識を持つことで互いのことを深く知るきっかけとなります。もちろん子どもがプログラム自体を本当につまらないと感じることがあるかもしれません。しかしどのような答えが返ってきたとしても、「正しい答え」は１つではないという考えを心に留めておくことで、子どもの思いがけない発言や行動に対しても「おもしろい発言（行動）

だな。この子はどのような考えで、この発言（行動）をしているのだろう。もっと聴いてみたいな」と思える心のゆとりが生まれてくるでしょう。

指導者の考え方は子どもにも伝わっていく

プログラムを開発・実施する上でも、同じように考えることが大切です。例えば、テニスにおけるボールをラケットで打つというメニュー1つをとっても、ある子どもには効果的でも、別の子どもには適応しないことはよくあります。

まずフォアハンドストロークを教える際には、ラケットの握り方（グリップ）を教えます。大人に教える際は、一番効率のよいグリップを指導しますが、子どもに対しては「ラケットを持ちやすいように握って打ってみて」と言います。ボールがラケットに当たらない子どもに対しては、大人に教えるグリップをわかりやすく手をとって教えます。そのやり方で理解する子どももいれば、それでもまだわからない子ども、打てない子どももいます。このような場合に、1回のプログラムでボールを打てるようになる、ということを最優先にするのではなく、子どもがプログラムを楽しみ、やりきる体験ができるよう、その子が「何に関心があり」「何をおもしろいと感じているのか」などをよく観察して、子どもの「楽しい！」を発見しながら指導を進めていくことが大切です。

子どもにはそれぞれ個性があるため、感じ方や興味を持つことが異なり、また、身体の発達段階によっても「楽しい」「おもしろい」と感じることが異なります。そのためプログラムを実施する際は、メニューの難度を臨機応変に変更できるような柔軟な対応力が指導者に求められるのです。始めは難しいかもしれませんが、「正しい答え」は1つではないことに留意し、子どもをよく観察し、子どもそれぞれの個性に気づくことで、少しずつ対応方法が見えていきます。

また、指導者や保護者が子ども一人ひとりの違いを認めて接することで、子ども自身にも「正しい答え」は1つではない考え方が身についていき、子どもの自己肯定感を養うことにもつながっていきます。指導者や保護者は「正しい答え」は1つではないことを子どもたちと実践することで、子どもたちの柔軟な発想力と対応力を伸ばしていってほしいと思います。

このように、指導者のあり方や考え方は子どもへの声かけに表れ、子どもたちの心の成長にもつながっていきます。他者が自分と異なることを認め、「そういう考え方もあるのね」と相手を受けとめることができれば、その違いを楽しむゆとりが生まれ、互いを尊重し合う豊かな人間関係を築くことにつながっていくでしょう。

スポーツ共育 Q&A

順番を待てるようになってほしい時の対応

Q 並んで順番にボールを蹴るメニューの時に、待てずに前に出てきてしまう子がいます。

A 発達段階によって、子どもは順番を待てない場合があるものです（5）。ただし、「理解させるのは難しいから……」「言ってもまだわからないだろうし……」と考えるのではなく、子どもが理解しやすいよう、わかりやすい言葉を用いて、順番を待つことの大切さを伝えていくことが大切です（1）。

自分の番が終わって、またすぐにやろうとする子どもに対しては、「順番だよ」と言うよりも、「お名前を呼ぶまで待っていてね」という声かけのほうが理解しやすいことがあります。「どのような声かけをしたら子どもが理解してくれるか」と考え、「声かけの引き出し」をたくさん持てるとよいですね（10）。

ある程度話を理解できる年齢の子どもであれば、順番を待てた時にほめることで（3、9）、「待つとはどういうことか」を子どもが気づけるようにします。声かけのタイミングを逃さないことがポイントです。

すぐに順番を待てるようになるわけではないので、子どもの成長を信じ、絶対評価で見守りながら、子どもにくり返し伝えていきましょう。

※（ ）内の数字は「子どもの可能性を伸ばす10の黄金法則」と照合できます。

【10の黄金法則の観点】
1 互いを「尊重し合う」ことの大切さ
3 「気づく」ことの大切さ
5 「正しい答え」は1つではないことの大切さ
9 「ほめる」ことの大切さ
10 「待つ」こと、そして「学び続ける」ことの大切さ

声かけ例
・すごい！ 自分の番まで待っていられたね
・待っている姿、とってもかっこうよかったよ！
・自分の番がくるまで、お友だちのことをよく見ていたね！
・○○ちゃんの名前が呼ばれるまで、待っていてね

第2章

「絶対評価」であることの大切さ

子どものモチベーションを下げない評価の方法とは

『スマイルシッププログラム』では、人と比較して優劣をつけるのではなく、その人自身の成長を重んじ「絶対評価」で接することを大切にしています。

「絶対評価」とは、学校教育や企業の人事評価などで、あらかじめ定められた目標をどれだけ達成できているかを個々に評価する手法です。例えば、学校の成績をテストの点だけで決める場合、全員が満点なら全員に最高評価をつけるような方法です。これに対して「相対評価」がありますが、これは学力や能力などを集団内で比較し、集団内での位置によって相対的に評価する方法です。この場合、集団内での競争は活発になりますが、個人がどれだけ達成したかを評価するものではないため、モチベーションを高めることにつながりません。

子育ての現場において、指導者も保護者も、日常の様々な場面で「相対評価」によるコミュニケーションが行われているのを耳にすることがあると思います。例えば、「今の子どもは」「私たちの時代は」などの言葉に続く世代間の比較や、「お兄ちゃんは○歳の時にはできていたのに」「○○ちゃんはよくお手伝いをしてくれるのに」のように兄弟姉妹間や子ども同士を比較している場合などです。このような声かけをされては子どもでも大人でも嫌な気持ちになり、モチベーションが下がってしまうことになります。

学びの先にあるものを子どもと共有する

スポーツにおいても、あらゆる場面で順位や獲得メダル数などの相対的な数字でパフォーマンスの善し悪しが語られることがあります。先ほど、「絶対評価」で人と接す

ることが大切だと説明しましたが、これは
「優劣をつけるのはよくない」「競争すること
はやめよう」といった考え方とは異なります。

優劣がつくこと自体は問題ではありませ
ん。たとえ好ましい結果が得られなかった
としても、その結果を受けとめる本人や指
導者の考え方、コミュニケーション力によ
って、努力し取り組んだプロセスを子ども
の人間力を高めることにつなげられるかど
うかが重要なのです。スポーツに限らず、
努力しても、相対的な結果がともなわず悔
しい思いをすることが多々あるでしょう。
ましてや、努力に見合った望ましい結果が
得られないことは大変つらいものです。し
かし、努力の結果とその時に感じた悔しさ
や悲しさを受けとめ、結果に至るまでのプ
ロセスから学び、どのようにしたらもっと
上手になれるか、成績を上げられるかなど
を考える力、目標に向けて工夫し実践する
力などを養うとてもよい機会となります。

このような場面で指導者は、子どもと共
に結果を受けとめ、寄り添い、今後につい
て一緒に考えられる存在でいたいものです。
そのために指導者は、「なぜスポーツに取
り組むのか」「この学びの先に何があるの
か」といった、スポーツや学業などの子ど
もが一生懸命に取り組む事柄の「目的」を
考え、指導する上での「理念」や「哲学」
を明確にすることが大切です。

スポーツのスキルだけはでない 子どもの成長の見つけ方

指導者の「理念」や「哲学」として10の
黄金法則がありますが、どんな指導者もそ
れらに留意し実践していくことで、指導方
針がぶれることなく子どもと向き合い、子
どもの可能性を伸ばすことに取り組むこと
ができます。

『スマイルシッププログラム』では10の
黄金法則を哲学として、クラス全体の画一
的な目標の達成に固執したり、ほかの子ど
もと比較して出来具合を判断したりするの
ではなく、子ども一人ひとりが「昨日より
今日、今日より明日」と、成長したことや、
その努力のプロセスを見逃さないよう意識
して気づき、声かけすることを大切にして
います。ここでの子どもの成長とは、スポ
ーツにおけるスキルの向上ばかりでなく、
「話を最後まで聴けた」「自分の番がくるま
で友だちをよく観察していた」「前回より
も積極的に取り組んだ」「自ら手を挙げた」
「友だちに席をゆずった」などの人間力に
かかわる成長のことも指しています。

たとえスポーツにおける好ましい結果が
出なかったとしても、そのほかの部分で気
づいた子どもの成長を伝えていくことで、
プログラムにおける成長を子ども自身が実
感し、達成感を味わえるようにしています。

指導者や保護者は子どもを見る新たな視
点と成長に気づき、それらを共有していく
ことで、共育を実践しながら子どもの成長
を見守っていきましょう。

第 2 章

何でも「楽しく」してしまうことの大切さ

何でも「楽しく」してしまう物事のとらえ方とは

　禅の言葉に「遊戯三昧」というものがあります。これは「楽しいことするのではなく、することをすべて楽しくしてしまう」という意味です。このように、子どもたちにも何か困難なことが起こった際には、その状況を打開していける力を身につけていってほしいと思います。それにはまず、指導者が「楽しくする方法を探す力」を養い、子どもに見本を見せることが大切です。では「何でも楽しくしてしまう」とはどういうことを意味するのでしょうか。
　誰にでも「苦手だけれど」「嫌だけれど」「面倒だけれど」やらなくてはならないことがあると思います。「やりたくないな」「つらいな」と思いながら嫌々取り組むと、気持ちは憂鬱になり、作業効率も悪くなってしまいます。気の進まないことに取り組む

際は、まず自分自身のモヤモヤした感情に気づき、その感情を認めた上で「どうしたら楽しむことができるか？」という視点で、何か1つでも「楽しい！」と思える側面を見つけてみることが大切です。そのためには、自分の好きなものと組み合わせたり、ゲーム性を持たせたり、効率よくできる方法を考えたり、小さな目標を設定して達成感を得るプロセスをくり返したりすることなどが、アイデアとして考えられます。
　仮に大掃除をする場合を考えてみましょう。掃除をする箇所はたくさんあり、汚れの度合いも様々です。これからやらなければならないことを想像すると嫌になってしまうこともあるでしょう。そのような時は「どうしたらこの大掃除を楽しめるか？」という視点で考えてみます。好きな音楽をかけたり、お気に入りの用具を使ったり、10分間でどれだけの面積を掃除できるかといったタイムトライアルに挑戦したり、

棚のほこりを落としてから床の掃除をする
といった効率的な手順を考えたり、目標を
決め「やった！　できた！」と自分自身を
ねぎらい達成感を得たりすることで、少し
ワクワクした感覚になるのではないでしょ
うか。少なくとも「嫌で仕方ない！」とい
う状況から脱することができるように思え
ます。こうした視点が、「どうせするなら
楽しくしてしまおう！」という意識を持つ
ことにつながります。

心にゆとりを持つことで
子どもの貴重な機会を奪わない

　この心得が身につくと、対人関係におい
ても相手の状況などを違う側面から見る
ことができるようになり、自分自身の気持ち
をコントロールすることがうまくなってい
きます。

　例えば、親子で公園まで行こうと散歩に
出かけた際に、向かう道中で子どもが興味
のあることを見つけてその場から動かなく
なることがあると思います。保護者は頭の
中で、「だいたい○時くらいに公園を出て、
買い物をして、家に帰ったら部屋をかたづ
けて、夕食を作って……」などと、その後
のスケジュールを組み立てていたりすると、
思い通りに動かない子どもの様子に思わず
イライラして、感情のままに「早く行く
よ！」「いつまで見ているの！」などと子
どもを急かしたり怒ったりしてしまうこと
があるかもしれません。しかしこれでは、
子どもの五感を刺激し、知的好奇心を伸ば

す貴重な機会を奪ってしまいます。

　このような場合、まずは自分の感情に気
づき、その感情を認め、事実と感情を分け
て考えてみることが大切です。前述の例で
は、もともと保護者には「公園に行くのは
子どものための時間」「子どもに楽しく遊
んでもらいたい」という思いがあったはず
です。そこで、イライラの感情が湧き起こ
った際には、そうした思いに立ち返り、「ど
うしたら子どもが楽しく過ごすことにつな
がるか？」といった新たな視点を持ってみ
るのです。

　公園に行くまでの道のりも子どもにとっ
ては十分に楽しい散歩の経験であり、様々
な音やにおい、色、自然環境、昆虫、動物、
すれ違う人々などとの出会いのある、知的
好奇心を高める貴重な機会なのだと発想を
転換することができれば、子どもを急かし
て無理矢理公園へ行かずとも、大きな学び
を得る時間を過ごすことにつながります。
また、保護者にとっても子どもをじっくり
観察する機会となるため「この子は今、何
に興味があるのだろう？」「じっと見てい
る集中力がすごいな」「恐れずに虫を触る
ことができるのね」といった、子どもの新
たな一面に気づくことができるでしょう。
このように、物事のとらえ方次第でその見
え方、感じ方が変わり、新しい視点を持つ
ことができるようになります。そして、そ
こから得る経験も驚くほど変わっていくの
です。

指導者の心の持ち方が
子どもの思考を変えていく

　『スマイルシッププログラム』では、【楽】を合言葉の１つに掲げており、子どもだけでなく指導者も「楽しいことをするのではなく、することを楽しむ」という姿勢を大切にしています。プログラム中に、子どもが指導者を困らせるような言動をしたり、指導者の思い通りにプログラムが進められなかったりすることはよくありますが、その際に子どもや物にイライラしてしまうと、思考が不愉快な感情に支配され、視野が狭くなってしまいます。トラブルや困難に直面した時こそ、怒りや不安などのネガティブな感情と上手につき合い、その状況を楽しもうとすることで、「この状況を打破するためにはどうすればよいか」といった柔軟な発想が生まれます。

　例えば、まだじっと座っていることが難しい年齢では、その日の気分によってプログラム中に教室を走り回ってしまう子がいます。ここで、話を聴いてくれないことや走り回ることにイライラしてしまうと「走らない！」「座って！」「静かに！」などの否定形や命令形の言葉を言いたくなってしまうかもしれません。このような場合、まずは一呼吸おき、その状況を俯瞰し、その状況を楽しむ発想で「どうしたら話を聴いてくれるかな？」「どうしたらプログラムに興味を向けてもらえるかな？」といった視点で考えます。すると、「あえてひそひ

そ声で話してみる」「プログラムの内容に走る要素を取り入れる」「指導者に注目が集まるような抑揚やメリハリのある説明をする」などのアイデアが浮かんできます。このように、まずはその状況を楽しんでみることで、トラブルなどを打開するアイデアが浮かんでくるのです。

　この心得は、子どもの挑戦する気持ちを育てることにも役立ちます。例えば、子どもが難しいと感じ挑戦することをためらっている場合には、まずは指導者が思い切り楽しんで見本を見せてみます。その様子を見た子どもが「楽しそう」「おもしろそう」と気持ちを変化させ、「やってみようかな」という気持ちが芽生えると、子ども自身にマイナスの感情をコントロールする力が備わってきたといえるでしょう。たとえ上手にできなかったとしても、指導者は挑戦した事実を認め、子どもがくり返し、楽しんで挑戦できるようサポートします。

　「楽しむこと」で脳内の神経伝達物質であるドーパミンが多く分泌され、ドーパミンが増えることで意欲が湧き、モチベーションが高まることから、子どもの挑戦する意欲を育てるためには、「楽しむこと」が何よりも重要です。もともと持っている思考のくせを変えることは容易ではありませんが、少しずつ新しい視点を取り入れるトレーニングを楽しみながら、指導者自身も「遊戯三昧」の境地を目指して、子どもたちの挑戦を支えていってほしいと思います。

スポーツ共育 Q&A

活動に参加したがらない子への対応

Q プログラムに参加して間もない子どもが、恥ずかしがっているのか、活動に参加したがりません。どのように声をかけたらよいでしょうか。

A プログラムに最初から最後まで参加することが重要なのではありません（5）。たとえプログラムに参加していなくても、ほかの友だちと同じ空間にいることが、その子の学びにつながります。「○○ちゃんは上手にできているよ」など、ほかの子と比較することはせず、子ども一人ひとりの個性を認め、それぞれの発達のスピードやタイミングに配慮し、絶対評価で成長を見守っていきましょう。成長に合わせた小さな目標を設定し、少しずつ段階を上げていくことが重要です（4、5、6）。

参加しない時間が長く続くようであれば、どうしてそのような言動をするのか、子どもの様子をよく観察し、目に見えない情報も集めながら子どもと接するようにします（3）。「その子が前よりもできるようになったことは何か？」を意識して探してみましょう。友だちがやっている時に、「頑張れ！」と応援できた、などでもよいのです（3、6）。決して無理強いせず、その子のよいところや、気づいたことをこまめに子どもに伝えていきます。「いつでもあなたを見ているよ」「先生は待っているよ」というメッセージを子どもに送り続けながら、子どもが「やってみようかな」と思える時を、焦らず長い目で待つことが大切です（9、10）。

※（　）内の数字は「子どもの可能性を伸ばす10の黄金法則」と照合できます。

【10の黄金法則の観点】
3「気づく」ことの大切さ
4 目標を持って「続ける」ことの大切さ
5「正しい答え」は１つではないことの大切さ
6「絶対評価」であることの大切さ
9「ほめる」ことの大切さ
10「待つ」こと、そして「学び続ける」ことの大切さ

声かけ例
・お友だちのことをよく見ていたね
・今日は何がいちばんおもしろそうだった？
・今度は先生と一緒にやってみようか？
・○○くんと一緒に先生もやりたいな

第2章

「励ます」ことの大切さ

子どもの努力やプロセスを認めることの重要性

　子どもが困難に直面したり、何かに失敗したりした時は、子どもの【精神体力】や【知的体力】を伸ばす絶好の機会となりえます。それは、失敗したあとの物事のとらえ方や周りとのかかわり方によって、失敗に対する子どものリアクションや受けるダメージが大きく変わるためです。指導者や保護者は、その体験を子どもの今後の取り組みに向けたモチベーションにつなげたり、自己肯定感を高めるものに変えたりしていけるよう子どもとかかわることが大切です。

　人の物事のとらえ方には、「子どもの頃にどのような声かけをされてきたか」ということが大きく影響しているといわれています。ある研究では、子どもが何かに取り組んだ時、その結果に対して「頭がいいね」「才能があるね」などと能力に対してほめた場合と、「一生懸命にやったね」「頑張ったね」と結果に至るまでのプロセスや努力に対してほめた場合とでは、その後の子どもの課題に対する取り組み姿勢や成績、物事のとらえ方に違いが生まれるという結果が示されました。前者のように、能力をほめるような声かけは「できるできないは、生まれつき能力があるかないかなのだ」という認識を与えてしまい、子どもが失敗や困難に直面した時に、「自分はもともと頭がよくないからできない」「自分にはこの状況を乗り越えるための能力がない」などと、挑戦することを諦めてしまう姿勢につながるといわれています。一方、後者のように、努力やプロセスをほめるような声かけは、自分の努力や取り組む姿勢、頑張りによって「どのような状況も変えることができる」「どのような能力も伸ばすことができる」という姿勢を身につけることにつながるといわれています。このように、指導者や保護

者の声かけの違いが、失敗することを子ども
もが「みっともない、恥ずかしい経験」ととらえるか「知識を吸収し次回に向けて改善方法を考えられる機会」ととらえるかという、全く相反する感覚となって表れるのです。

　以上からも、子どもが失敗や間違いをポジティブにとらえ、それらを成長に活かせるようになるためには、指導者や保護者の子どもとの向き合い方やコミュニケーションの取り方が重要であるとわかります。

　そこで私は、失敗や間違いを「マイレージ」と呼ぶことをお勧めしています。マイレージは貯めれば貯めるほど大きな特典となり、例えば無料で海外旅行へ行くことも夢ではありません。それと同様に、失敗したりうまくいかなかったりしても、その経験に蓋をせず「今はマイレージを貯めている時」ととらえて、楽しみながらその状況や経験に向き合えると気持ちが楽になります。このように指導者や保護者が、マイレージを貯める感覚で物事をとらえられるようになれば、子どもが経験するすべてのことに「無駄なことはない」と思えるようになります。

子どもの自己肯定感を高める励まし方

　それでは子どもを励ます時には、どのように声かけしたらよいでしょうか。例えば、子どもが一生懸命に取り組んだスポーツの試合に負けてしまったとします。その際に

指導者や保護者が、「気にしない気にしない、また次に頑張ればいいじゃない」と言って励ましたり、結論を急ぐあまりに「次に向けて日曜日も練習しましょう」などとすぐに改善策や解決策を示したりするのを聞いたことがあるかもしれません。しかし、これらの声かけのように、子どもの気持ちを置き去りにして大人の考えや意見を押しつけてしまうと、子どもは自分が尊重されていないと感じ、気持ちや思いを閉じ込めるようになってしまいます。

　まずは、子どもが落ち込むに至った悔しい気持ちや悲しい気持ちを「そうだよね、悔しいよね（悲しいよね）」と受けとめることが大切です。そして、「ここまで一生懸命に練習してきたのはよく知っているよ。本当によく頑張ったね」とプロセスを認め、「では、次はどうしていこうか？　どうしたらいいと思う？」と今後の対応について一緒に考えてみましょう。このように、まずは子どもの気持ちを受けとめた上で、その結果に至ったプロセスを認め、次につなげるにはどうしたらよいかを一緒に考えることが大切です。そのプロセスが、失敗や間違いから学ぶ姿勢や、この状況をどのように好転させるかといった何でも「楽しく」してしまう発想力、そして、何事にも粘り強く挑戦や努力をくり返す力を含む「生きる力＝人間力」を高めることにつながっていきます。私たち指導者や保護者から「失敗」のとらえ方を変え、子どもを励ます時に活かしていきましょう。

43

第2章

「ほめる」ことの大切さ

子どもを「ほめる」とは絶対評価で対応すること

　指導者や保護者から「子どものどこをほめたらよいのかわからない」「子どものよいところが見つからない」という相談を受けることがあります。「ほめる」ことは「何か特別なことが起こった時にするもの」という意識があるのかもしれません。しかし、「ほめる」ことは偉業や功績に対してのみ行われるものではなく、もっと身近なコミュニケーションの手段であることを指導者や保護者に知ってほしいと思います。

　『スマイルシッププログラム』では無理にほめようとするのではなく、次の3つのポイントを意識して子どもたちに声かけするようにしています。

　1つ目は、子どもと絶対評価で接する中で子どもが前回よりもできるようになったことや成長した点をほめることです。2つ目は、結果はもちろんのこと、子どもの努力や挑戦のプロセスに気づきほめることです。そして3つ目は、子どもをおだてるのではなく、事実を認めて伝えることです。

　例えば、テニスにおいて「指導者がバウンドさせたボールをラケットで打つ」というメニューがあります。バウンドしたボールを打って前に飛ばすことは簡単ではないため、子どもが空振りをくり返したり、ボールが前に飛ばなかったりすることはよくあります。しかし、ここで結果ばかりにフォーカスしてしまうと、子どもをほめることができなくなってしまいます。この状況が続くと、子ども自身で「やった！」という達成感を得ることが難しく、「できなかった」という挫折感や「もうやりたくない」という思いを抱くことにもつながってしまいます。

　そこで先ほどの3つのポイントを踏まえて声かけするとどうなるでしょうか。まず、

指導者は子どもをよく観察し、前回よりもできるようになったことに着目します。もし上達したことや成長した点を見つけられない場合は、挑戦する姿や諦めない姿勢を認めます。そして、その子どもの状態や取り組み姿勢について言葉にして伝えます。以上のポイントを踏まえて声かけすると、例えば、「ラケットの持ち方がいいね」「1、2って言えたね」「1、2の合図でラケットを振れたね」などと、1回目よりも2回目に成長したポイントを伝えたり、「自分の順番が待てたね」「何度も挑戦できたね」などとプロセスに着目して事実を伝えたりすることができます。

子どもの態度・意欲・積極性なども含めた人間力を支える【身体体力】【精神体力】【知的体力】をよく観察し、たとえ取り組みにおける好ましい結果が出なくとも、そこに至るまでのプロセスや子どもの成長に気づき声かけすることで、子どもが達成感や成長を実感できるようにしていきます。そのためには、子どもを絶対評価でよく観察することが何よりも大切です。

ほめることで視野が広がり人間関係も円滑になる

「ほめる」ことができるようになると、子どもを見る視野が広がるばかりでなく、指導者や保護者などの大人同士のかかわり合いにも変化が見られるようになります。

例えば、普段の生活の中で、家族ばかりでなく職場や友人関係において日々顔を合

わせる際に、「かわいい髪形だな」「すてきな笑顔だな」と感じることが多々あると思います。その際に、自分の気づきや気持ちを言葉にして相手に伝えているでしょうか。「わざわざ口に出すのは恥ずかしい」という思いがあるかもしれませんが、ほめられる側は、自分が気を使っていることに注目してもらうことでうれしい気持ちになったり、自分が意識していなかったことを伝えてもらうことで「自分にはこんなよいところがあるんだ」という気づきが生まれたりすることがあります。そして、ほめる側も自然と温かくうれしい気持ちになることを経験したことがあるのではないでしょうか。

このような小さな気づきを伝えることは、円滑にコミュニケーションするためにとても大切です。それは、ほめることを意識することでそれまでとは異なる視点で人を見たり、話題をふくらませたりすることができるようになるためです。また、このような声かけの積み重ねが、相手のことを知ることや相手に自分のことを理解してもらうきっかけとなり、豊かなコミュニケーションをとることにつながっていきます。

ほめることが子どもの「気づき」を促す

子どもとかかわる上で「ほめる」ことを意識して声かけすることで、子どもの考え方や物の見方にも変化が表れることがあります。例えば、『スマイルシッププログラム』では、5〜6歳児にラダー*を使ったオ

*ラダー：はしご状のトレーニング用具

第2章

リジナルステップを考えてもらい、みんなでチャレンジすることがありますが、以前自分のステップが選ばれた子どもが、友だちがラダーに取り組む姿を見て、「ひざが高く上がっていて、いいですね！」とほめる姿が見られました。これは自分のステップが選ばれた際に、「○○くんのステップは、ひざが高く上がっていてかっこういいね！」と指導者に声かけされたことから、子どもの中にも指導者と同じような視点が生まれ、友だちを自然と「ほめる」ことができたのだと思います。このように指導者の声かけが子どもの気づく視点を増やしたり、子どもの表現力を豊かにしたりすることにもつながっていきます。

ほめ上手になるために
まずは身近な人をほめてみる

「ほめる」ことに苦手意識がある場合は、まず、気軽にゲーム感覚で互いをほめ合うことをお勧めします。頭の先からつま先まで相手をよく見て、相手の「いいな」「すてきだな」と思うところを探し、実際に言葉にして伝えます。指導者同士でも日々のちょっとした時間を使ってやってみるとよいでしょう。

まずは、相手のすてきだと思うところ、ほめたいところ、変化したところなどを見つけます。どんなに小さなことでも構いません。例えば、服装、髪型、メイク、持ち物などはどうでしょうか。相手をよく観察し、実際に「今日の髪の結い方、すてきで

すね」「今日の洋服の色、とても似合っています」「ピアスが夏らしくて涼しげですね」「着心地のよさそうな素材のシャツですね。私も欲しいです」「靴紐がおしゃれで、すてきです」などと、相手を見て感じたその事実を伝えます。そして、ほめられる側は「いえいえ」「そんなことないですよ」などと謙遜せずに、「ありがとう」「うれしいです」「そうなんです。これ、気に入っているんです」などと相手の言葉を受けとめ、肯定する言葉を返します。

このゲームでの相手の反応や自分自身の感覚はどうでしょうか。また、ほめる側は相手をよく観察しないと、ほめる言葉が出てこないことに気づけるでしょうか。たとえゲームだとしても、ほめる側もほめられる側も気持ちよく、心が温まるようなうれしい気持ちを体験できると思います。

日々の小さな変化に気づき、それを言葉にして伝えることで、「ほめる」だけでなく自分の気持ちや意見も表現できるようになっていきます。また、それを謙遜せずに受けとめられるようになると、よいことも悪いことも含めて自分自身を受け入れられるようになっていきます。小さなことでも意識してほめることを実践していくことで、自然と気づくアンテナの感度や子どもを観察する力が高まり、ほめることができるようになっていきます。ぜひ、楽しみながら試してみてください。

スポーツ共育 Q&A

泣いてしまう子への対応

Q うまくできない時、泣いてしまう子がいます。どのように気持ちを受けとめたらよいのでしょうか。

A できなくて泣いてしまう子どもには、まずはその子どもと悔しい気持ちを共有することが大切です（1、8）。そして、ほかの子と比べることなく絶対評価を意識して、指導者が気づいた子どもの成長している部分を伝えましょう（3、6、9）。例えば、前回よりも多く挑戦したこと、先生や友だちのことをよく見ていたこと、そして、用具の操作がうまくなったことなども子どもの立派な成長です。指導者と話すことで子どもが納得できた場合は、挑戦したことをほめることで、その後のやる気につなげます（9）。悔しさが残り、どうしても涙が止まない場合は、どうしたいのかを一緒に考えるなど、子どもの意思を確認しましょう（1）。

子ども自身がほかの子どもと比べたり、失敗したくないと思ったりする気持ちが、できなかった時の悔しさへとつながり、泣いてしまうことがあります。指導者が子ども一人ひとりに対して絶対評価で声かけし、ほめることで、子どもたちは安心して挑戦する気持ちを持つことができるようになります（6、9）。

※（　）内の数字は「子どもの可能性を伸ばす10の黄金法則」と照合できます。

【10の黄金法則の観点】
1　互いを「尊重し合う」ことの大切さ
3　「気づく」ことの大切さ
6　「絶対評価」であることの大切さ
8　「励ます」ことの大切さ
9　「ほめる」ことの大切さ

声かけ例
・そうか、悔しかったね
・先生はかっこうよかったと思うよ
・先生はよく挑戦したと思うよ。もっとやってみる？　先生見てみたいな

第2章

「待つ」こと、そして「学び続ける」ことの大切さ

指導者自身を高める黄金法則の集大成

　10の黄金法則の最後に挙げたこの法則は、なかなか手強いです。「言うは易く行うは難し」とは、まさにこのことですが、今まで挙げてきた9つの法則を理解し、日常生活の中で自然と意識して実践できるようになっていれば、それほど難しいことではありません。むしろ、楽しく感じるようになると思います。

　そういった意味では、この『「待つ」こと、そして「学び続ける」ことの大切さ』は10の黄金法則の集大成であり、実は、指導者や保護者としてばかりでなく、人として成長していく時の指針となっていきます。人生の中で、指導者や保護者として過ごす時間はそれほど長くはありません。これから「人生100年時代」になっていく中で「スポーツ共育」を通して自分を知り、他者とつながりながら、自分を高めていける考え方になると信じています。

上手に「待つ」ために必要なこと

　では、ここでの「待つ」とは、どういうことをいうのでしょうか。それは、子どもが十分に考え、話したり行動に移したりする時間を確保するということです。大人はこれまでの経験や知識から次に起こることを予測し、物事を効率よく行おうとしますが、子どもには難しいでしょう。それは、大人と子どもの時間感覚が大きく異なるためです。また、大人同士、子ども同士であっても人が持つ時間感覚は人それぞれに違うものです。このような、他者との感覚の「誤差」を理解することから「待つ」ことは始まります。この感覚の「誤差」を理解できるようになると、「待つ」ことが容易になり、子どもの答えや行動を急かすことなく、

ゆとりを持ってコミュニケーションできる
ようになるのです。

「待つ」ことができる
指導者になるために

　『スマイルシッププログラム』では、子
どもが一生懸命に答えを導き出そうとして
いる時は、子どもの主体性や考える力など
が養われる機会ととらえ、子どもを見守る
ようにしています。もし、子どもがどうし
ても言葉に詰ったり、考えるのに時間が必
要になったりする時には、指導者は直接的
な答えを与えるのではなく、子どもの考え
や思いを引き出す声かけをします。この声
かけが子どもを伸ばす上で非常に重要とな
り、「はい」「いいえ」で答えることができ
る質問ではなく、子どもが自分の言葉で表
現できるように、質問の仕方を工夫するこ
とが大切です。

　私がコーチをしていた時、ある選手がト
ーナメントに第1シードで出場できること
になりました。トーナメント方式で戦う場
合、強豪選手を最初に振り分けることで、
1回戦目で強い選手同士が対戦すること
ないように対戦相手が決められていきます。
そして、第1シードには、参加選手の中で
最もランキングの高い選手が入るため、順
調にいけば彼女が優勝圏内にいることは間
違いありませんでした。しかしこの時、彼
女は1回戦で敗退してしまいました。負け
てしまったことは仕方がありませんが、こ
の敗戦を今後どのように活かしていくのか

を彼女から聴きたかったので、試合後の反
省会で「今日の試合はどうだった？」と尋
ねました。

　彼女は敗戦の悔しさと悲しみで、何も答
えることができませんでした。それから待
つこと3時間。やっとのことで、彼女は話
し始めました。「第1シードだから勝たな
くては！　と思ったら硬くなってしまい、
最後までこの考えから抜け出すことができ
ませんでした」。そこで私が「第1シードだ
から勝たなくてはいけない、また、勝つこ
とが当たり前なら、最初から試合をしなく
てもいいよね？」と答えると、彼女はハッ
としたのでしょう。「そういうふうに考え
ることができれば、そして、もっと早くそ
のことに気づけば、挽回できましたね」と
反省しつつ、笑顔が戻ってきたのです。

　子どもと向き合う時、頭ごなしに叱りつ
けたり、「これをしなさい」と強要したり、
「本当はこう思っていたんだよね？」など
と指導者や保護者が決めつけたりしてしま
うと、子どもは考えることを放棄してしま
ったり、自分の意見や気持ちを閉じ込めて
しまったりするようになります。また、指
導者や保護者に解決策が見えていたり、自
分の都合があったりすると、子どもを急か
してしまったり、答えを先回りして言って
しまったりすることもありますが、子ども
は自分が尊重されていないと感じてしまう
でしょう。その上、あまりにもその状況が
続いてしまうと、反抗することも面倒にな
り、ますますコミュニケーションをとれな

第2章

くなってしまいます。一見、言うことを素直に受け入れているようでも、本当の意味でコミュニケーションできておらず、あとになって子どもと考えていることが全く違っていた、という事態にもなりかねません。このようなことにならないためにも、指導者や保護者はただシンプルに「どうだった？」と尋ね、子どもからの発信を「待つ」ことが重要です。子どもは言いたいことを人に伝えられないと、強いストレスを感じてしまいます。思いを表現できるよう上手に促すには、適切な声かけと「待つ」ことが大切なのです。

それでも、「待つ」ことはなかなか実行しづらく、とくに子育て中の保護者にとってはとても難しいことだと思います。そのような時、私がお勧めするのは、『子育てとは子どもを「待つ」ものだ』と決めてしまうことです。これは自分自身がストレスを溜めないための1つの方法でもあります。

また、「待つ」ことは、指導者や保護者だけが大変なのではありません。子どもにとっても、いろいろな意味で辛抱することが必要になります。その中で、「自分を急かさず待ってくれた」と子どもが感じられれば、子どもとの間に信頼関係が築かれます。そして、自分が発した思いをまずは受けとめてもらうことで、子どもは安心して自分の素直な気持ちを伝えられるようになるでしょう。このようなやりとりを経て、子どものコミュニケーション力が養われていきます。

学びと経験のスパイラルを意識する

子育てやコーチとしての経験、そして子どもたちとの対話の中で、私の指導者としての対応力が培われました。そして子どもと接する母として、コーチとして「学び続ける」ことの重要性を学びました。指導者や保護者は、子どもの豊かな学びを促進し、知的好奇心を養うために、「学びと経験のスパイラル」を実践することが大切です。

一流の指導者は「子どもの可能性を最大限に引き出すことのできる人」だと思います。そのためには、子ども一人ひとりの資質や能力を絶対評価で見極め、子どもの成長に気づき、タイミングを逃さずに声かけしていくことが大切です。『スマイルシッププログラム』を指導する上では特に、子どもが「楽しく」プログラムに参加できるよう、指導者がプログラム立案時からどのくらい楽しんで工夫や準備ができるかということと、子どもの可能性を伸ばし、人間力や自信、自己肯定感を高められるような挑戦とやりきる体験を提供できるかということを意識しましょう。指導者は、成功も失敗も糧にして、時には子どもからも学ぶ姿勢を持ち、子どもが知らない知識や情報をたくさん蓄えておくことで、自分自身の引き出しを増やすことができます。経験に甘んじることなく常に学び続けることで、それぞれの子どもに合った声かけのできる指導者へと成長していけるでしょう。

スポーツ共育
Q&A

友だちとけんかをする子への対応

Q 「その○○じゃないと、嫌だ！」など、席や物の取り合いでもめる子がいます。子どもたちが納得して解決できるように対応したいのですが、うまくいきません。

A もめ事を体験し、その状況を解決する過程で、子どもたちの【精神体力】や【知的体力】を養うことができます。質問のようなトラブルも、子どもの力を養うよい機会ととらえましょう。指導者は、まずそれぞれの子どもの話を聴いて状況を整理し、子どもの気持ちをしっかりと受けとめます。その後、どうしたいかを質問したり、指導者自身の考えを伝えたりするとよいでしょう（1）。

考える時間は子どもにとっての学びの機会です。子どもから言葉が出てくるのを根気よく待ってみましょう（10）。また、「どのような質問をしたら、子どもは話しやすくなるか」「自分の言葉で伝えることができるか」ということを、指導者自身が考えてみます（10）。子どもが納得して譲ることができた場合には、その行為自体をほめましょう（3、9）。

プログラムのスムーズな進行はもちろん大切ですが、指導者は心にゆとりを持ち（7）、声かけを通して子どもの人間力を高めていきましょう（1、5）。

※（　）内の数字は「子どもの可能性を伸ばす10の黄金法則」と照合できます。

【10の黄金法則の観点】
1 互いを「尊重し合う」ことの大切さ
3 「気づく」ことの大切さ
5 「正しい答え」は1つではないことの大切さ
7 何でも「楽しく」してしまうことの大切さ
9 「ほめる」ことの大切さ
10 「待つ」こと、そして「学び続ける」ことの大切さ

声かけ例
・どうしたいと思った？
・どうしたらよかったと思う？
・○○くん（相手）は、どんな気持ちだと思う？
・それはとてもやさしい気持ちですてきだね
・思っていることをきちんとお話できてすごいね
・2人が1番にやることはできないよね。どうすればいいかな？

SUMMARY
— 第2章まとめ —

　この章では、『スマイルシッププログラム』で大切にしていることを10に分けて解説し、指導の現場や家庭でどのように子どもたちと接していけばよいかを考え、指導者としてのあり方を学びました。この「あり方」が腹に落ち、実践できるようになると、子どもの可能性を伸ばし人間力を高めるための声かけが自然とできるようになるばかりでなく、職場・家庭で起こるどんな難題にも対処できるようになります。野球で例えるなら、直球ばかりでなくカーブ、時にはシュートなどと、どんな球にも対応できるようになっていくのです。

　「子どもの可能性を伸ばす10の黄金法則」は、私の経験ばかりでなく、早稲田大学大学院スポーツ科学研究科で執筆した論文『日本の若手トップアスリートにおける両親の教育方針に関する一考察』において、錦織圭選手、石川遼選手、宮里藍さんのご両親そして杉山愛の協力を得て、研究から見えてきたことをまとめています。そのため、10の黄金法則にはトップアスリートの人間力の秘訣がたくさん詰まっており、幼児期の子どもと接する大人のあり方がいかに大切であるかを改めて感じていただけるでしょう。

　今、若い指導者や保護者が何に苦しんでいるのかを聴いてみると、10の黄金法則の逆を行っているように感じます。自分の中にある「こうでなければならない」「こうしなければならない」という「〜すべき」や「to do」の考えが強く、自分で自分の首を絞めているように感じるのです。それではとても苦しくなってしまいますよね。子どもは自分よりも未熟な存在ではなく、互いに尊重し合い、共に成長していく存在です。子どもよりも知識を持っていることが重要なのではなく、子どもからも保護者からも学ぶことを楽しめる謙虚さと柔軟性を持つことが大切です。まさに、子ども・指導者・保護者の共育の実践なのです。

　10番目に示したように、子どもの可能性を引き出す存在でいるためには、指導者も日々勉強していくことが大切です。この章でいちばん心に残ったことは何でしょうか？　100組の親子がいれば100通りの子育てがあるように、そして1人の指導者であっても20人の子どもがいれば20通りの指導方法があるように、人それぞれに心に残ることは異なります。また、「どの黄金法則がいちばん大事」というわけではなく、その時々に感じたこと、その時々に「大事！」と思ったことが、その時にいちばん大事な法則です。子どもの発達、上達、成長に寄り添い、ていねいに接していく際にその時々の状況に応じて、ぜひ「10の黄金法則」を活用してみてください。

第 **3** 章

子どもと指導者の人間力を高めるスポーツプログラム

具体的なスポーツプログラムの立案方法と
子どもの発達段階を踏まえた
プログラム内容をご紹介します。
子どもが楽しんで取り組めているかどうかを
大切にして、実践してみましょう！

第3章

スポーツで養われる「3つの体力」

① 身体体力

　【身体体力】とは、身体の各部位を連動させて動かし、周りの状況に合わせて変化・対応させていく様々な力を指します。ここでは、楽しくスポーツに取り組み、幼児期に経験することが望ましい「25の基本動作」を中心に挙げています。幼児期の成長は一人ひとり異なるため、表にある力をすべて養うことを目的にするのではなく、あくまでも絶対評価で成長のプロセスを確認する指標としてご活用ください。

身体体力の様々な力

養われる力		定義
スピード		速く進む力
持久力		負荷のかかった状態で長時間作業を続けることができる筋群と呼吸・循環機能の力
瞬発力		瞬間的に大きな力を出して運動を起こす力
筋力		筋が収縮することによって生じる力
柔軟性		身体を様々な方向に曲げたり、伸ばしたりする力
敏捷性		身体を素早く動かし、刺激に反応する、または位置や方向を転換する力
協応力		身体の2つ以上の部位の運動を1つのまとまった運動に融合したり、身体の内・外からの刺激に対応して運動したりする力
コーディネーション能力	定位	自分と対象物の位置関係を正確に把握する力
	変換	状況に合わせて、素早く動作を切り換える力
	連結	関節や筋肉の動きをタイミングよく同調させる力
	反応	合図に素早く、正確に対応する力
	識別	手や足、用具などを精密に操作する力
	リズム	音や拍子と身体の動きを合わせる力
	バランス	身体の姿勢を保ち、安定性を維持する力

身体体力と25の基本動作

25の基本動作	養われる力							コーディネーション能力						
	スピード	持久力	瞬発力	筋力	柔軟性	敏捷性	協応力	定位	変換	連結	反応	識別	リズム	バランス
立つ		○		○	○	○	○	○		○			○	○
座る				○	○		○			○				○
起きる				○		○	○			○				
回る				○	○	○	○	○		○				○
転がる				○	○	○	○	○		○				○
渡る				○			○	○		○			○	○
ぶら下がる		○		○	○		○					○		○
歩く		○		○		○	○	○		○				
走る	○	○	○	○	○	○	○	○		○			○	○
跳ぶ	○		○	○	○	○	○			○			○	○
乗る				○			○			○				
跳び下りる	○		○	○	○	○	○	○	○	○			○	
登る		○		○	○		○	○		○				
下りる		○		○	○		○	○		○				
這う		○		○			○						○	○
よける	○		○	○		○	○	○	○	○	○			○
持つ				○			○							
運ぶ				○			○					○		○
投げる			○	○	○		○	○	○	○		○	○	○
捕る			○	○			○	○	○	○	○			○
転がす				○			○	○	○			○		
蹴る			○	○	○	○	○	○	○	○		○	○	○
押す				○			○	○		○		○		○
引く				○			○	○		○		○		○
打つ			○	○	○	○	○	○	○	○		○	○	○

＊『幼児期運動指針ガイドブック』（文部科学省、2012年）に示された動きを参考に作成しています。

登る

下りる

這う

よける

運ぶ

持つ

転がす

投げる

押す

捕る

蹴る

引く

打つ

② 精神体力

【精神体力】とは、身体を動かし行動する際に切り離すことのできない心の様々な力を指します。楽しくスポーツに取り組み、やりきる体験と達成感を積み重ねることで、【精神体力】の様々な力を養い、意欲や自信、そして自己肯定感を高めていきます。プログラムの立案では、子どもの成長した姿をイメージし、年間テーマや月間テーマ、そしてその日のテーマにおいてどのような力が養われるか、下表を参考に確認してみましょう。

精神体力の様々な力

養われる力	定義
忍耐力	苦しみ、つらさなどに耐える力
共有力	他者の喜びや悲しみを感じる力
自立力	ほかからの従属から離れて、主体性を持って物事を行う力
感謝する力	ありがたさを感じて敬意を表す力
行動力	決めたことを実行する力
集中力	1つの物事に意識を向け続ける力
協調性	互いに力を合わせて物事に取り組む力
思いやる力	他人の身の上や心情を推し量って同情したり配慮したりする力
持続力	ある物事や状態を中断することなく続ける力
挑戦力	難しい問題や高い目標に向かって立ち向かえる力
レジリエンス	困難な状況でも、しなやかに適応する力
グリット	やり抜く力

幼児期に設定したい月間テーマ例と養われる精神体力

月間テーマ	忍耐力	共有力	自立力	感謝する力	行動力	集中力	協調性	思いやる力	持続力	挑戦力	レジリエンス	グリット
4月 ルール(約束)を守って遊ぶ	○	○	○		○				○			
5月 見ながら楽しむ		○	○		○	○			○			
6月 挑戦することを楽しむ			○		○	○				○	○	○
7月 聴きながら楽しむ		○	○			○			○			
8月 集中して楽しむ	○							○	○		○	
9月 表現することを楽しむ			○		○				○	○		
10月 覚えながら楽しむ			○		○	○				○		
11月 協力して遊ぶ		○	○	○			○	○				
12月 達成感を楽しむ			○		○				○	○	○	○
1月 応援して楽しむ		○		○		○	○	○				
2月 ほめて楽しむ		○			○	○	○	○				
3月 積極的に楽しむ			○		○					○	○	

③ 知的体力

【知的体力】とは、行動に至るまでに頭を使って考える様々な力を指します。『スマイルシッププログラム』の基礎である【楽】【考】【伝】を大きく支える力であり、特にルールのあるスポーツに楽しく取り組むことで、【知的体力】の様々な力が養われていきます。また、活動後に自分の思いを発表する場面をつくると、表現力を含むコミュニケーション力が伸びていきます。

知的体力の様々な力

養われる力	定義
判断力	物事を正しく認識し、評価する力
直感力	パッと思いついたり、感覚的に物事をとらえる力
決断力	自分はこうしたいという意思を決定できる力
予測力	物事の成り行きを前もって推し量る力
注意力	1つの物事に意識を向けつつ、周囲も意識することができる力
思考力	考える力
記憶力	経験した物事を心の中に留め、忘れずに覚えている力
表現力	自分の考え・思いを身体・言葉で他者に伝える力
人を称える力	立派な行いや徳などをほめる力
発想力	新しい考えや思いつきを生み出す力
対応力	周囲の状況に応じてふさわしく行動する力

幼児期に設定したい月間テーマ例と養われる知的体力

月間テーマ	判断力	直感力	決断力	予測力	注意力	思考力	記憶力	表現力	人を称える力	発想力	対応力
4月 ルール(約束)を守って遊ぶ	○			○	○	○	○				○
5月 見ながら楽しむ	○	○		○	○	○				○	○
6月 挑戦することを楽しむ			○	○		○				○	
7月 聴きながら楽しむ	○			○	○	○	○			○	
8月 集中して楽しむ					○	○				○	
9月 表現することを楽しむ		○				○		○		○	
10月 覚えながら楽しむ	○			○		○	○				
11月 協力して遊ぶ				○		○				○	○
12月 達成感を楽しむ			○			○				○	○
1月 応援して楽しむ					○	○		○			
2月 ほめて楽しむ					○	○		○	○		
3月 積極的に楽しむ	○		○	○		○				○	○

第3章

スポーツプログラムの立案と指導のポイント

　プログラムを立案する際は、子どもの発達段階を踏まえ、年間を通して成長した子どもの姿をイメージし、【精神体力】や【知的体力】を養うような月ごとのテーマを定めます。そして、それらのテーマに合ったスポーツの要素やゲーム性を考え、1日のプログラムに落とし込んでいきます。

●ウォーミングアップ
　少し息が上がるくらいの運動で、身体を大きく楽しく動かし、脳を活性化させます。音楽や歌に合わせて踊ることも効果的です。次のメニューに向けて、ワクワクする気持ちを引き出します。

●アクアタイム
　各メニュー後の水分補給です。集中力低下やけがを防ぎ、プログラムにメリハリをつけます。子どもは一度に多くの水分を摂れないため、夢中で遊んでいるうちに失われた水分を、こまめに補給します。

●サブメニュー
　主にラダー*を用います。指導者が行ったステップを覚え、一人ひとり前に出て行います。脳と身体の連動性を高め、考える力、観察する力、記憶力、集中力などを養うことが目的です。ゆっくりでも正確に、個人のペースで上達することを目指します。

●メインメニュー
　用具を使った様々なスポーツを楽しく体験し、総合的に【身体体力】【精神体力】【知的体力】を養っていきます。指導者にとっては、子ども一人ひとりの「いちばん」や可能性を見つけられる大事なメニューです。

●サークルタイム
　各メニューを振り返り、子どもの気持ちや意見を表現する時間です。スポーツを行ったあとの脳が活性化した状態を利用し、コミュニケーション力やプレゼンテーション力を養います。

プログラムメニューと時間の目安（計45分）

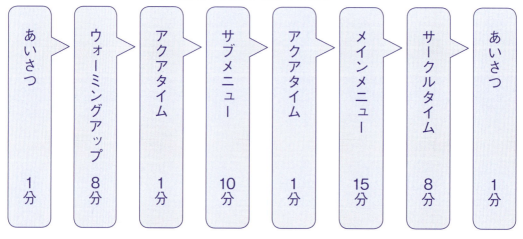

あいさつ 1分 → ウォーミングアップ 8分 → アクアタイム 1分 → サブメニュー 10分 → アクアタイム 1分 → メインメニュー 15分 → サークルタイム 8分 → あいさつ 1分

*ラダー：はしご状のトレーニング用具

プログラムの一例

日時：5月10日（金）　　　年齢：3歳児　　　　　　　　　　　　　　　　人数：12人

5月のテーマ	見ながら楽しむ（1／4週目）		
本日のテーマ	ボールをよく見る		
スポーツ	ラグビー		

所要時間（45分）	メニュー ★ねらい　●ルール（お約束）	プログラム内容	準備物
1分	【あいさつ】		
8分	【ウォーミングアップ】 ★身体を大きく動かす ★アイスブレイク	Jump in the line 輪になる⇒歩く、両足ジャンプ⇒ ストレッチ（膝、手足、屈伸）⇒ ショートバージョン	音楽 Jump in the line
		スカーフキャッチ ・スカーフをよく見て、スカーフが床に 　落ちるまでにキャッチする	スカーフ 2枚 マット （壁に立てる）
1分	【アクアタイム】 ★休憩・水分補給 ★けが＆集中力低下防止・メリハリ	子どもたちに水分を摂らせ、自らこまめに水分補給を行えるよう習慣づけていく	
10分	【サブメニュー】 ラダー ★頭で考えたことを身体で 　表現することを大切にする ●線を踏まない ●ていねいに歩く ●先生や友だちのことを 　よく見る	①ストロベリーステップ（グーパー） 　　　　＋ 　マットトンネルくぐり	ラダー 2本 マット フラフープ 2本
		②マスカットステップ（1マス2歩） 　　　　＋ 　マットくまさん後ろ向き歩き	
1分	【アクアタイム】 ★休憩・水分補給 ★けが＆集中力低下防止・メリハリ	子どもたちに水分を摂らせ、自らこまめに水分補給を行えるよう習慣づけていく	
15分	【メインメニュー】 ラグビー ★特殊な形のボールに 　慣れ親しむ ●大きなボールとラグビーボールをよく見る ●「トライ」と言う	①ラグビーボールをトライ！　3列 ・スタート地点からディスクまでの距離を 　長めにとる	ラグビーボール 3個 ディスクコーン 3枚 バランスボール 2個
		②大きなボールに当たらないようトライ　2列 ・指導者がバランスボールを転がし、子どもはボールに当たらないようトライする	
		③ラグビーボールをキック！　2列	
8分	【サークルタイム】 ★感じていることや気持ちを 　伝える ●ボールを持った人だけが話し、 　ほかの友だちはよく聴く	・テーマに沿った、子どもの気持ち・考え・ 　気づいたことなどを引き出す質問をする 　質問例：今日使ったラグビーボールに 　　　　　ついて思ったことを教えて？ ・子どもの話を受けとめ、指導者の感想や 　気持ちを伝える	テニスボール 1個
1分	【あいさつ】		

61

第3章

2歳児 のスポーツプログラム ・・・・・・・・・・

2歳児の発達の特徴

1. 歩く、走る、跳ぶなどの基本的な運動機能や指先の機能が発達する

2. 排泄の自立のための身体的機能が整う

3. 自分の好みが出てくるようになり、自己主張をするようになる

4. 自然に慣れ親しみ、探索活動を盛んに行うようになる

5. 友だちに興味を持ち始め、周りの人や物とのかかわりを広げるようになる

6. 身の回りのことを自分で行おうとする

7. 興味のあるものをまねしたり、簡単なごっこ遊びを楽しむようになる

8. 自分の意思や欲求を言葉で表すことができるようになる

9. 安全な場所や遊び方を教えてもらうことで、危険を回避する意識を持つようになる

＊『保育所保育指針解説』（厚生労働省、2018年）を参考に作成しています。

プログラム立案のポイントと注意点

身体体力
- □ 身体を大きくゆっくり動かし、柔軟性を養う
- □ 歩く、走るといった基本的な動作をていねいに行うメニューを取り入れる
- □ 音楽やタンバリンを使い、リズム感を養う
- □ 身体全体を使うメニューを考える

精神体力
- □ 複数のメニューを行い、集中力を養う
- □ 指導者と共に楽しむことができるメニューを取り入れる
- □ 挑戦することを楽しめるよう、難度の低いメニューを考える

知的体力
- □ 用具やスポーツの名前を覚える
- □ 見本やルールを見たり聴いたりする機会をつくる
- □ イメージしやすいメニューを取り入れ、直感力や発想力を養う
- □ 子どもがまねしたくなるメニューを取り入れ、表現力を養う

プログラム指導上のポイントと注意点

次第に自我が強くなり、「自分でやりたい」ことが増えてくる時期です。そのため、始めはルールに沿って取り組めないこともあるでしょう。例えば、ラダーのメニューには「ゆっくり、ていねいに行う」というルールがありますが、歩かずに走ってしまったり見本のようにできなかったりした場合には、無理に従わせたり、結果にこだわったりするのではなく、楽しくメニューに挑戦した事実をほめ、「やってみよう」と挑戦する気持ちを育てることが大切です。また、指導者はルールや説明をテンポよく簡潔に伝え、子どもたちがスムーズに活動に取りかかれるよう努めましょう。

2歳児は感情が豊かになり、他者へ関心が向かうようになる時期です。サークルタイムでは、友だちの前で自分を表現することに挑戦してもらいましょう。自分の気持ちを言葉で的確に表現することは、まだまだ容易ではありませんが、子どもがその時に感じた気持ちを表現できるよう、喜怒哀楽など、いくつかの感情を表す表情が描かれたカードを用意して、その中から自分の気持ちを表すものを選んでもらい、自己表現の手助けをしてみましょう。

第3章

2歳児のプログラム例

> ウォーミングアップ、サブメニュー、メインメニューは、指導者が必ず最初に見本を見せてから行います。無言で行わず、子どもがまねしやすいよう、大きな動きでゆっくり行ってください。

あいさつ・ウォーミングアップ

音楽に合わせて踊ろう

- 音楽（映像や曲）に合わせて、楽しく、身体を大きく動かします。
- 指導者もたくさん話し、盛り上げることを意識しながら一緒に楽しみます。

アクアタイム

けがや集中力低下の防止のために、水分を摂ります（少量で良い）。習慣化することで、子どもたちの熱中症対策にもなります。

サブメニュー

アップルステップ（1マス1歩）で進もう　用意するもの：ラダー

❶ 用具（ラダー）やステップの名前、約束などを確認します。

声かけ例
「（ラダーを指して）これは何でしょう？」
「みんなで言ってみましょう。せーの、……」
「線を踏まないように、ゆっくりていねいにやりましょう」

❷ ラダーの正面に立ちます。

❸ 1歩ずつラダーのマスに合わせて歩きます。

声かけ例
「四角の中に足はいくつ入っているかな？」
「足を高く上げて、1・2・1・2と進んでいくよ」

ステップの順番

❹ 最後に指導者とハイタッチします。

2歳児のスポーツプログラム

アクアタイム

メインニュー

テニスに挑戦しよう　用意するもの：ラケット、ボール、ティーパッド

❶ 用具の名前や使い方や注意点、今から行うスポーツの名前などを確認します。

声かけ例
「これは何に見える？」
「これは、ラケットと言います。みんなで言ってみましょう。せーの、……」
「ラケットを振る時は、周りにお友だちがいないか、よく見てね」

❷ ティーパッドの上のボールをラケットで打ちます。「1・2」と声を出し、「1」で引き、「2」で打ちます。

サークルタイム・あいさつ

活動を振り返ろう

輪になって座り、活動を振り返ったり、気持ちを表現し互いに聴き合ったりします。言葉にすることが難しい場合は、感情を表すカードを用いて確認するのもよいでしょう。

声かけ例
「今日はどうだった？　今の気持ちを教えてね」と言って、感情カードを1枚ずつ見せ、実際にその表情を先生がやってみます。
子どもが発表したら、「今○○ちゃんは、こういう気持ちなんだね」「自分の気持ちをちゃんと言えたね」などの声かけをします。子どもは無理に発表しなくてもよいですが、指導者から「○○ちゃんも、発表する？」と声をかけてみることは大切です。

第3章

3歳児 のスポーツプログラム ・・・・・・・・・・・

3歳児の発達の特徴

1. 基本的な運動機能が伸びる

2. 友だちの気持ちに気づいたり、共通のイメージを持って遊んだりすることを楽しむようになる

3. 身の回りの音、色、形、手触り、動き、味、香りなどに興味を示すようになる

4. 音に親しみ、歌ったり、簡単なリズム楽器を使ったりする楽しさを味わうようになる

5. 周囲への知的興味や関心が増し、遊具や用具に工夫を加えて遊ぼうとする

6. 「なぜ」や「どうして」といった質問をするようになる

7. 感性や好奇心が発達し、大人の行動やおもしろいと感じたものを模倣することを楽しむようになる

8. 日常生活におけるルールや約束を理解できるようになる

9. 友だちと貸し借りをできるようになる

10. 活動を行う上で順番を待てるようになる

11. 危険を予測することができるようになる

12. 話をすることで自分の気持ちを我慢できるようになる

＊『保育所保育指針解説』（厚生労働省、2018年）を参考に作成しています。

プログラム立案のポイントと注意点

身体体力
- □ バランスを取りながら身体を大きく動かし、柔軟性を養う
- □ 2つ以上の動きを同時に行うメニューを考え、協応力を養う
- □ 音楽やタンバリンなどを使い、リズム感を養う
- □ まねをしながら身体の連結を高めるメニューを取り入れる

精神体力
- □ 複数のメニューを用意し、集中力を養う
- □ 個人で活動するメニューを取り入れ、自立力を養う
- □ 挑戦することを楽しめるよう、難度の高すぎないメニューを考える

知的体力
- □ 用具やスポーツの名前を正しく言う
- □ 周囲の動きを見たり聴いたりする機会を設け、注意力を養う
- □ 子どもがワクワクするようなストーリー性のあるメニューを考える
- □ 記憶したことや思ったことを自分の言葉で発表する機会を設ける

プログラム指導上のポイントと注意点

子どもたちが相手の気持ちを思いやったり、貸し借り・順番・交代・約束をしたりするなどの社交性を養えるよう、根気よくルールや約束を伝えていきます。その場合、ルールや約束を単に課すのではなく、「なぜ守ることが大切なのか」という観点で子どもたちが考えられるよう工夫することが大切です。また、ルールや約束を意識できるように、プログラムの随所で声かけしましょう。できている友だちを見ることで、子どもが自然と気づけるようになるとよいでしょう。

サークルタイムでは、活動を通して楽しかったことや頑張ったことを指導者が尋ね、自分の気持ちを発表する楽しさを体験してもらいます。時には、「全部」と答える子もいますが、その中でもいちばん楽しかったことや頑張ったことを引き出せるよう工夫してみましょう。

第3章

3歳児のプログラム例

> ウォーミングアップ、サブメニュー、メインメニューは、指導者が必ず最初に見本を見せてから行います。無言で行わず、子どもがまねしやすいよう、大きな動きでゆっくり行ってください。

あいさつ・ウォーミングアップ

リズムに合わせてジャンプしよう

- 音楽（曲）に合わせて、楽しく、リズムにのって、身体を大きく動かします。
- 指導者はリズムに合わせて手拍子をします。
- 動き始めのタイミングがわかりやすいように、「せーの」などの合図を出します。

アクアタイム

けがや集中力低下の防止のために、水分を摂ります（少量で良い）。習慣化することで、子どもたちの熱中症対策にもなります。

サブメニュー

ミカンステップ（1マス1ジャンプ）で進もう　用意するもの：ラダー

❶ 用具（ラダー）やステップの名前、約束などを確認します。

声かけ例
「この名前は何でしょう？」
「ラダーで遊ぶ時のお約束を言える人？」
「まずは先生がやるから、よく見てね」

❷ ラダーの正面に立ちます。

❸ 両足をそろえて1マスごとにジャンプして進みます。

声かけ例
「ウサギさんみたいにジャンプできるかな？」
「ラダーを踏まないようにね」

ステップの順番

❹ 最後に指導者とハイタッチします。

3歳児のスポーツプログラム

アクアタイム

メインニュー

コロコロボールを打ってみよう 用意するもの：ラケット、ボール

❶ 用具の名前や使い方、注意点、今から行うスポーツの名前などを確認します。

声かけ例
「これは何に見える？」
「ラケットを振る時は、周りにお友だちがいないか、よく見てね」
「思い切り打ったら、ボールはどうなると思う？」

❷ 指導者と子どもが1ｍくらい離れ、指導者が転がしたボールをラケットで打ちます。

声かけ例
「行くよー」と、ボールを転がすタイミングを知らせたあと、「1・2」と声をかけます。

「1」で引く

「2」で打つ

サークルタイム・あいさつ

活動を振り返ろう

輪になって座り、活動を振り返ったり、気持ちや意見を表現し互いに聴き合ったりします。

声かけ例
「ボールを持った人がお話をします」
「お友だちがお話をしている時は、よーく聴きましょう」
「今の気持ちを教えてね。教えてくれる人は手を挙げて！」

69

第3章

4歳児 のスポーツプログラム ………………

4歳児の発達の特徴

1 活動と休息のバランスがとれた生活に心地よさを感じるようになる

2 運動量の多い遊びを行うことができるようになる

3 仲間と過ごすことの喜びや楽しさを感じながら、仲間とのつながりを深めるようになる

4 身近な人の気持ちに気づき、少しずつ感情をコントロールすることができるようになる

5 決まり事の大切さに気づき、意見や考えの違いから少しずつ口げんかをするようになる

6 物事を予測できるようになり、目的を持って行動するようになる

7 新しいことに挑戦することができるようになる

8 思い通りにならないことがあっても、その気持ちを乗り越えることができるようになる

9 感謝の気持ちに気づき、伝えられるようになる

＊『保育所保育指針解説』（厚生労働省、2018年）を参考に作成しています。

プログラム立案のポイントと注意点

身体体力
- □活動時間を増やし、身体を大きく動かすことを意識して柔軟性を養う
- □動きや動作の速さを少しずつ上げてスピードや敏捷性を養う
- □音や合図に合わせて動くメニューを取り入れ、反応力や変換力を養う

精神体力
- □友だちと協力することで達成できるメニューを用意し、協調性や共有力を養う
- □挑戦力や行動力を養えるよう、様々な難度のメニューを用意する

知的体力
- □難度の高いメニューを取り入れることで、記憶力や思考力を養う
- □周囲の動きを見たり聴いたりすることで成功するメニューを取り入れ、注意力を養う
- □ゲーム性のあるメニューを取り入れ、予測力や判断力を養う
- □記憶したことや思ったことを積極的に表現できる場を多く設ける

プログラム指導上のポイントと注意点

【身体体力】の個人差が大きくなる時期であるため、プログラムのレベルに幅を持たせ、状況に応じた指導を行いましょう。子どもの反応をよく観察し、どんな子どもでも「やってみたい！」と思えるようなプログラムを提供するために、子どもの反応をよく観察します。

思い通りにならないことがあっても、その気持ちを乗り越え「何でも楽しくしてしまう」姿勢を養えるよう工夫します。例えば、子どもが「やってみようかな」と思えるように、指導者が楽しんで見本を見せることは効果があります。また結果よりも、子どもが楽しんでいるかどうかに着目します。そして、子ども自身が上達していることに気づけるような声かけをします。指導者が子どもたちの小さな変化や成長を伝えることで、子どもたちに達成感をもたらし、やがては自己肯定感を高めることにつながります。

第3章

4歳児のプログラム例

> ウォーミングアップ、サブメニュー、メインメニューは、指導者が必ず最初に見本を見せてから行います。無言で行わず、子どもがまねしやすいよう、大きな動きでゆっくり行ってください。

あいさつ・ウォーミングアップ

リズムに合わせてジャンプしよう

- 音楽（曲や歌）に合わせて、楽しく、リズムにのって、身体を大きく動かします。
- 目印に沿って、リズムにのって両足ジャンプで前進します。
- 最後に指導者とハイタッチします。
- 2回行います（1回目のジャンプが終わったら、列の後ろにつきます）。
- 動き始めのタイミングがわかりやすいように、「せーの」などの合図を出します。
- リズムを取りやすいように、指導者が手拍子をします。

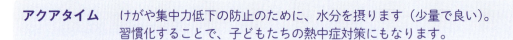

アクアタイム　けがや集中力低下の防止のために、水分を摂ります（少量で良い）。習慣化することで、子どもたちの熱中症対策にもなります。

サブメニュー

サクランボステップ（1マス3歩）で進もう　用意するもの：ラダー

❶ 用具（ラダー）やステップの名前、約束などを確認します。

声かけ例
「この名前は何でしょう？」
「ラダーで遊ぶ時のお約束を言える人？」
「友だちや先生をよく見てね」

❷ ラダーの正面に立ちます。

❸ 1マスに3歩ずつマスに合わせて歩きます。

声かけ例
「1マスに何回足が入っている？」
「1・2・3、1・2・3と声を出しながらやってみよう」

ステップの順番

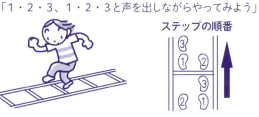

❹ 最後に指導者とハイタッチします。

4歳児のスポーツプログラム

アクアタイム

メインニュー

その場でバウンドボールを打ってみよう　用意するもの：ラケット、ボール

❶ 用具の名前や使い方、注意点、今から行うスポーツの名前を確認します。

声かけ例
「これを見たことがある人？」
「これを使ってやるスポーツはなーんだ？」
「ラケットを振る時は、周りにお友だちがいないか、よく見てね」
「ラケットは優しく扱ってね」

❷ 指導者と向かい合い、指導者がバウンドさせたボールをラケットで打ちます。

声かけ例
「行くよ、ボールをよく見ててね」など、バウンドさせるタイミングを知らせたあと、「1・2」と声をかけます。ボールを打つタイミングが取りづらい場合は、ラケットを持たずに「1」で指導者がボールをバウンドさせ、「2」で子どもにボールを取らせることから始めてみてください。

「1」で引く　　「2」で打つ

サークルタイム・あいさつ

活動を振り返ろう

輪になって座り、活動を振り返ったり、気持ちや意見を表現し互いに聴き合ったりします。

声かけ例
「ボールを持った人がお話をします」
「友だちがお話をしている時は、よーく聴きましょう」
「今の気持ちを教えてね。（子どもが答える）そうなんだね。どうしてそう思ったの？」

第3章

5歳児 のスポーツプログラム ‥‥‥‥‥

5歳児の発達の特徴

1
全身運動がなめらかで巧みになり、手の動きが細やかになる

2
自信を持って活動できる喜びを味わうようになる

3
自分のことだけでなく、他人の役に立つことをうれしく、また誇らしく感じるようになる

4
相手を許したり、異なる思いや考えを認めたりすることができるようになる

5
目的に向かって一緒に行動しようとする

6
自分の思いを伝えたり、相手の話を聴いたりして、いたわりや思いやりの気持ちを持つようになる

7
物事の善し悪しに気づき、考えて行動するようになる

8
自分の知っている知識を他者に教えることができるようになる

9
友だちのことを応援することができるようになる

＊『保育所保育指針解説』（厚生労働省、2018年）を参考に作成しています。

プログラム立案のポイントと注意点

身体体力
- □連続して活動する時間を増やし、動作もダイナミックに 行うことで持久力や筋力を養う
- □合図に素早く反応したり、障害物を避けたりして、瞬発力を養う
- □用具を使う際に距離の設定を少しずつ長くし、定位力や筋力を養う

精神体力
- □くり返し行うことで達成できるような難度の高いメニューを 用意し、忍耐力や挑戦力を養う
- □子どもたち同士で上達する方法を考えたり、 工夫したりすることで達成できるメニューを用意し、 共有力や協調性を養う

知的体力
- □ゲーム性のあるメニューにルールを多く加えることで、 思考力や発想力を養う
- □動きのある対象物に対応しながら、直感力や対応力を養う
- □自分の考えを文章で発表することを目指し、表現力を養う

プログラム指導上のポイントと注意点

指導者が最低限のルールだけを設定することで、あとは子どもたち同士で考え、協力する力を養えるようにします。

また同時に、子どもが自分のできることを友だちに教えるなど、指導者の代わりに見本を行ったり、用具を並べるのを手伝ったりと、任せることを増やしていきます。そうすることで、子どもたちの新たな一面が見られるでしょう。

5歳児は、語彙も増え、自分の意思や感情を文章で表現する力が伸びる時期です。サークルタイムでは、子どもに複数の視点を示すことで、自己表現力を養いましょう。例えば、これまでに「いちばん楽しかったこと」を尋ねていた場面では、「何がどう楽しかったのか」を質問したり、「友だちのよいと思ったところ」といったテーマを挙げたりして、子どもの言葉を引き出していきます。

75

第3章

5歳児のプログラム例

> ウォーミングアップ、サブメニュー、メインメニューは、指導者が必ず最初に見本を見せてから行います。無言で行わず、子どもがまねしやすいよう、大きな動きでゆっくり行ってください。

あいさつ・ウォーミングアップ

リズムに合わせてジャンプしよう

- 音楽（曲や歌）に合わせて、楽しく、リズムにのって、身体を大きく動かします。
- 目印に沿って、リズムにのって手の動きをつけながら（例：頭→肩→手拍子3回）両足ジャンプで前進します。
- 最後に指導者とハイタッチします。
- 2回行います（1回のジャンプが終わったら、列の後ろにつきます）。
- 動き始めのタイミングがわかりやすいように、「せーの」などの合図を出します。
- リズムを取りやすいように、指導者が手拍子をします。

アクアタイム　けがや集中力低下の防止のために、水分を摂ります（少量で良い）。習慣化することで、子どもたちの熱中症対策にもなります。

サブメニュー

メロンステップ（横向き中・外・外）で進もう　用意するもの：ラダー

❶ 用具（ラダー）やステップの名前、約束などを確認します。

声かけ例
「この名前は何でしょう？」
「ラダーで遊ぶ時のお約束を言える人？」
「先生が見本を見せるからよーく見て覚えてね」

❷ ラダーに対して横向きに立ちます。

❸ マスの中に1歩、外に2歩をくり返しながら進みます。

声かけ例
「1マスに何足が入っている？」
「1・2・3、1・2・3（または、中・外・外）と声を出しながらやってみよう」

❹ 最後に指導者とハイタッチします。

ステップの順番

5歳児のスポーツプログラム

アクアタイム

メインニュー

バウンドボールを打ってみよう 用意するもの：ラケット、ボール

❶ 用具の名前や使い方、注意点、今から行うスポーツの名前を確認します。

声かけ例
「これを使ってやるスポーツはなーんだ？」
「周りにお友だちがいる時に、ラケットを振ったらどうなるかな？」
「思い切り打ったら、ボールはどうなると思う？」

❷ 1〜1.5mくらい離れて指導者と向かい合い、指導者がバウンドさせたボールをラケットで打ちます。

声かけ例
「行くよー」とボールを投げるタイミングを知らせたあと、「1・2」と声をかけます。ボールを打つタイミングが取りづらい場合は、ラケットを持たずに「1」で指導者がボールをバウンドさせ、「2」で子どもにボールを取らせることから始めます。できるようになったら、「先生が取りやすい強さで打ってみてね」などと、3つの体力を伸ばす声かけをしましょう。

「1」で引く

「2」で打つ

サークルタイム・あいさつ

活動を振り返ろう

輪になって座り、活動を振り返ったり、気持ちや意見を表現し互いに聴き合ったりします。

声かけ例
「ボールを持った人がお話をします」
「友だちがお話をしている時は、よーく聴きましょう。」
「今の気持ちを教えてね。（子どもが答える）そうなんだね。どうしてそう思ったの？（どういうところでそう感じたの？ それはどの場面で？）」

77

SUMMARY
― 第3章まとめ ―

『スマイルシッププログラム』では、子どもと子どもを取り巻くすべての人々の人間力を高めることを最大のミッションとしています。それは、スポーツというツールを用い、子どもの【身体体力】や技術を養うだけでなく、【精神体力】や【知的体力】の様々な力の成長に気づいた指導者の声かけによってなされるのです。

プログラムを立案する際は、『スマイルシッププログラム』で大切にしているテーマやねらい、【身体体力】【精神体力】【知的体力】といった「3つの体力」の要素を網羅できるよう構成しましょう。「3つの体力」の成長を踏まえて、楽しく安全に、そして達成感を得られるよう、スポーツの要素やゲーム性を考えるようにするとよいでしょう。

プログラムを行う際は、参加する子どもや指導者が、共に「楽しい！」「またやりたい！」と思えることが大切です。プログラムのすべてを無理に遂行する必要はありません。昨日よりも今日、今日よりも明日といった子ども一人ひとりの日々の成長に気づき、また、子ども自身がその成長を実感できることが大切です。年齢に応じた発達段階はあくまでも目安としてとらえ、ほかの子どもと比較することなく、絶対評価で子どもと接しましょう。運動のでき具合よりも、子どもが楽しんで取り組んでいるか、そして、プログラムを通して人間力を高める学びを得ているかということを大切にしてください。

そのために指導者は、「子どもの可能性を伸ばす10の黄金法則」に則って日頃から子どもたちをよく観察し、事前準備をしっかりと行うことが大切です。どんなに準備をしても予期せぬことや予想通りにいかないことはあります。どのような状況であっても指導者は楽しむことを忘れずに、活動後にプログラム内容や声かけを振り返ることで、今後のよりよいプログラム実践へとつなげていきましょう。

スポーツは子どもの成長や「いちばん」が見えやすい、とてもすてきなツールです。スポーツを行うことは、子どもの成長につながるばかりでなく、その成長に指導者が気づき、プログラムの立案や実践を通して指導者自身も成長することができます。そして、子どもの成長や変化を保護者と共有することで、保護者にも子どもを見る新しい視点が生まれ、子どもの「いちばん」に気づけるようになっていくでしょう。さらに、保護者が子どもの可能性に気づき、その可能性を伸ばすように声かけすることができれば、子ども、指導者、保護者という三者の成長の相乗効果により、子どもの「生きる力＝人間力」が高まっていくでしょう。

おわりに

　私が保育業界の方々と深くかかわるようになって10年ほどが経ちます。当初は、幼稚園や保育所などに招かれて子どもたち向けのスポーツプログラムを提供していました。ある時、園の先生方にスポーツプログラムを実践してもらうと、子ども同士を比べたり「それではダメ」とすぐに指摘したりしている様子が目にとまりました。なぜそのようなネガティブな対応をしてしまうのか？　よく観察してみると、どうやら先生方自身が自分に自信を持てずにいるようでした。「もしかしたら、先生自身の自己肯定感の低さが、そうさせているのではないか」と気づいたのです。

　そこで、指導者のためのマネジメントプログラムを作り、研修会を行ってみたところ、参加してくれた先生方が見違えるように変わっていきました。これには私も驚きました。本来は能力の高い人たちが日々の忙しさの中で自分自身と向き合えず、自分の「よさ」がわからないゆえに悩み、自信を持てずにいるという負のスパイラルに陥っていたのでしょう。先生方の自己肯定感が高まると、自然と子どもに対してポジティブな対応ができるようになっていきました。マネジメントプログラムは、先生方に「気づき」をもたらしたようです。この「気づき」はスポーツだけに限らず、日々の保育や生活の中でも活かせるようになったと、大変喜ばれました。

　『スマイルシッププログラム』では【身体体力】【精神体力】【知的体力】を養い、「生きる力＝人間力」を高めることを目指しています。これらの「3つの体力」や10の黄金法則を指導者全員が共通理解することで、子どもに対応する考え方にズレがなくなり、指導者同士の意見がすり合わせやすくなるのです。指導者の対応に差がなくなることで、子どもも戸惑わずにプログラムに参加し、自分を発揮できるようになります。このように、指導者も子どもも共に育ち合うことで、双方の人間力を高めることにつながります。

　読者の中には「スポーツは苦手」という方も少なくないでしょう。しかし、スポーツはスキルを高めることが本質ではありません。一人ひとりが、よりよい人生を送るための「ツール」としてのポテンシャルを大いに秘めています。そうしたスポーツの持つ力を広く伝えていくことが私に与えられた使命だと感じて、これからも邁進していきたいと思っています。

一般社団法人次世代SMILE協会
代表理事　杉山芙沙子

[著者]
杉山芙沙子（すぎやま ふさこ）

医学博士。聖心女子大学文学部心理学科卒業。早稲田大学大学院スポーツ科学研究科修了。順天堂大学大学院医学研究科修了。一般社団法人次世代SMILE協会代表理事。東京大学先端科学技術研究センター人間支援工学分野特任研究員。特定非営利活動法人パームインターナショナル湘南理事長。渋谷スポーツ共育プラザ＆ラボ "すぽっと" 代表。元プロテニスプレーヤー杉山愛の母でありコーチ。子育てやコーチとしての経験、そして学術的研究より導き出した幼児教育メソッドを講演や人材育成プログラムを通して伝え、次世代を担う子どもたちとそのアントラージュの共育に尽力している。

[執筆協力]
一般社団法人次世代SMILE協会
小林亜矢、杉山舞、村田一恵、穂積盛子、茂木路子、宮元あみ

本書は、2018年4月号〜2019年3月号『保育ナビ』連載の内容を整理して加筆・修正し、新規原稿を加えて編集したものです。

表紙イラスト／かまたいくよ
本文イラスト／かまたいくよ・斉木のりこ
編集協力／こんぺいとぷらねっと

保育ナビブック
子どもの可能性を伸ばす
スポーツ共育
2019年8月23日　初版第1刷発行

著　者　杉山芙沙子
発行者　飯田聡彦
発行所　株式会社フレーベル館
　　　　〒113-8611 東京都文京区本駒込6-14-9
電　話　営業：03-5395-6613
　　　　編集：03-5395-6604
振　替　00190-2-19640
印刷所　株式会社リーブルテック

デザイン　blueJam inc.（茂木弘一郎）

©SUGIYAMA Fusako 2019
禁無断転載・複写　Printed in Japan
ISBN978-4-577-81472-7　NDC376
80p／26×18cm

乱丁・落丁本はお取替えいたします。
フレーベル館のホームページ
https://www.froebel-kan.co.jp